大道至简

任正非

HUAWEI

赵文锴◎著

中国经济出版社
CHINA ECONOMIC PUBLISHING HOUSE
北　京

图书在版编目（CIP）数据

大道至简任正非 / 赵文锴著.

—北京：中国经济出版社，2020.6（2025.6 重印）

ISBN 978-7-5136-5905-5

Ⅰ.①大… Ⅱ.①赵… Ⅲ.①任正非—传记 ②通信企业—企业管理—经验—深圳 Ⅳ.① K825.38 ② F632.765.3

中国版本图书馆 CIP 数据核字（2019）第 203228 号

责任编辑 牛慧珍

责任印制 李 伟

封面设计 久品轩工作室

出版发行 中国经济出版社

印 刷 者 北京建宏印刷有限公司

经 销 者 各地新华书店

开 本 710mm × 1000mm 1/16

印 张 16.5

字 数 220 千字

版 次 2020 年 6 月第 1 版

印 次 2025 年 6 月第 3 次

定 价 58.00 元

广告经营许可证 京西工商广字第 8179 号

中国经济出版社 **网址** www. economyph. com **社址** 北京市东城区安定门外大街 58 号 **邮编** 100011

本版图书如存在印装质量问题，请与本社销售中心联系调换（联系电话：010-57512564）

推荐序
PREFACE

大道至简任正非

他，被誉为教父级企业家。

他的创业故事，激励着无数创业者艰苦奋斗。

他领导的企业，一路击败思科、爱立信等巨头，如今，剑指苹果、三星，让整个美国都感到害怕。

他，就是任正非，一个注定在中国商业史上留下光辉一笔的伟大企业家。

在探究任正非其人之时，我们不能不关注其领导的华为，只有真正认识到华为是一家怎样的企业，才能更好地认识任正非。

一、华为到底是一家怎样的企业？

英国《经济学人》杂志称它是："欧美跨国公司的灾难。"

美国《时代》杂志称它是："所有电信产业巨头最危险的竞争对手。"

爱立信全球总裁卫翰思说："它是我们最尊敬的敌人！"

思科前CEO约翰·钱伯斯在回答《华尔街日报》记者的提问时说："25年

前我就知道，我们最强的对手一定是它。”

2010 年，华为首次进入世界 500 强企业榜单，在 IT 企业中名列第 29 位，全球第 397 位。

2013 年，华为的年营收达到 388 亿美元，超过爱立信，成为全球通信产业龙头。

2017 年，在《福布斯》杂志公布的全球品牌价值榜单中，华为成为唯一上榜的中国企业。

2019 年，《财富》杂志公布了最新世界 500 强榜单，作为榜单上的常客，华为排名全球第 61 位。

……

像这样的荣誉还有很多。在短短 32 个年头里，任正非和他领导下的华为创造了全球顶尖企业都未曾有过的辉煌成就。

尽管如此，假如说以前我们可以明确地知道华为是一家通信设备行业的国际化企业，那么在曝光度急剧增加的情况下，华为的面目却越来越模糊了。

那么华为到底是一家通信设备制造商、一家网络设备制造商、云服务支撑系统服务商，还是手机厂家呢？

是，却又不全是。

华为有四大事业群（Business Group，BG），第一是消费者 BG；第二是运营商 BG；第三是企业 BG；第四是云与计算 BG。

在消费者 BG 方面，华为的成长速度十分惊人。

华为消费者 BG 是人们最为熟悉的业务。2016 年，华为消费者业务营收 1798 亿元，同比增长 43.6%。全年智能手机发货量达到 1.39 亿部，同比增长 29%，连续五年持续稳健增长，智能手机在全球市场所占份额提升至 11.9%。2018 年，华为消费者业务营收 3489 亿元，同比增长 45.1%，华为手机发货量更是达到了 2.06 亿部。

手机业务是华为消费者BG的核心，从以电信运营商贴牌为主，追求大规模和低成本的运营模式，变为追求性能和用户体验的精品战略模式，华为的转变是早前“中华酷联”4家中最成功的。同时，作为互联网手机品牌的荣耀也成为华为终端的造血大户，而且整个华为手机的价位段和人群覆盖也较为完善。

对于消费者业务，任正非曾指出，“我希望消费者BG不要在胜利之后，就把自己泡沫化，不要走偏了……终端没有黏性，量大而质不优，口口相传反而会跌下来”。可见，追求质量无疑是华为消费者业务以后的重心。

在运营商BG方面，华为在全球已领跑多年。

2014年，华为以310亿美元的总营收小幅超过爱立信的293亿美元营收，成为全球第一，之后通过2015年21.4%的增长，到2015年末，华为的运营商业务便以358亿美元的总量与爱立信的294亿美元营收拉开距离。

未来的5G，华为已经开始与爱立信等行业巨擘们合作，这也意味着未来华为将成为主导全球通信领域的一支重要力量，将会带领全球步入数字化时代。

在企业BG方面，华为的增长也堪称迅猛。

从严格意义上讲，华为明确进入企业业务市场应该从2011年算起。这块市场原来一直是由具有绝对优势的思科占据，无论是企业级的交换机、路由器、NAS（Net Attached Storage，网络附属存储）还是行业整体解决方案，思科都是无可争议的“大哥”。这也是当初华为刚进入企业业务市场时广泛不被看好的一个重要原因。但华为人就是善于在别人认为不可能的地方，硬生生地开辟出一块绿地来。

经过2011年、2012年的试错、调整和渠道建设，到了2013年，华为的企业业务就显示出其生猛的本质，全年销售达到了27亿美元；2014年，华为企业业务增长27%，服务超过100家世界500强企业，在存储市场一举拿下了31.7%的市场份额。到了2015年，华为企业业务就已经成长为中国市场第一。2017年第一季度，在服务供应商路由器和电信级以太网交换机两大企业市场的占有率上，华为首次超越思科，成为全球市场第一！不仅如此，根据任正非的规划，华为未来的增长，在很大程度上要依赖于企业市场。

华为云与计算BG成立得比较晚（2020年1月14日），虽然属于“新兵”，没有像前三个事业群一样业绩斐然，但重要性和潜力毋庸置疑。云与计算BG的主要业务包括公有云、私有云、AI、大数据、计算、存储、IoT等，这些都是智能时代的重点。

在过去几年，三大事业群竞相发力，使华为取得了举世瞩目的伟大成就。2018年，华为的营收突破了千亿美元；2019年，华为的营收达到8588亿元人民币。其实，早在2016年，华为的销售收入就已经达到了5200亿元人民币。当时，5200亿元意味着什么？有人给出了最直观的答案：相当于两个联想、五个格力、五个中兴、五个阿里巴巴、六个比亚迪、七个小米；超过了BAT（中国互联网公司三巨头：百度、阿里巴巴、腾讯）的营收总和；约等于万达+万科！

这样的成绩，源于19.4万名华为员工的贡献。

在《财富》世界500强企业中，华为是唯一没有上市的公司。按照2019年的营收，四成多来自海外。华为在170多个国家和地区开展业务，超过30亿人每天都在使用华为的通信设备，也就是说，全世界有超过1/3的人在使用华为的服务。即使是在4G技术领先的欧洲，华为也有过半的市场占有率。

华为的技术研发能力，也超越了一般人对中国企业的想象，拥有8万多项专利技术，其中有四成是国际标准组织或欧美国家的专利。在通信设备领域，华为无疑已经成为全球知识产权的龙头企业。

放眼世界500强中的中国企业，有九成以上都是靠原材料、中国内需市场等优势挤入排行榜，但华为却是靠技术创新能力以及海外市场经营绩效获得今天的地位。当过去的通信产业巨擘摩托罗拉、阿尔卡特朗讯、诺基亚、北电网络等都已成为明日黄花时，华为却在过去十多年里迅猛发展。

在任正非的领导下，华为用核心技术打通一个产业链的各个环节，又通过技术辐射将业务延伸到各个主要节点，深耕细作，并构建起一个与合作商、用户拥有共同利益的生态环境，我们今天看到的华为正是在完善着这样一个产业生态。而在这个生态里，无论是云化战略还是 ICT（信息通信技术）基础架构，都透露出华为的节制和专注，而在技术层面，华为的激进和活力又显露无遗。

那么，在这一切辉煌成就的背后，华为究竟藏着怎样的秘密呢？

二、大道至简说华为！

最有价值的道理往往就是最朴素的真理。

花红柳绿，浓妆艳抹，虽然有一时之艳丽，但总是要褪色，唯有素净、简练才恒久耐看。经营企业的道理也是一样，除去繁芜与花哨，才能突出关键，彰显本色。

华为之所以能成就今时今日的辉煌，其成功之道并不神秘，靠的正是对最简单常识的尊重、探索、敬畏和坚守，而任正非也多次强调这一点。

外面有很多文章和书籍，把我和华为神化了，我是人不是神。做企业要回归商业本质，公司不要有太多方法论，认认真真地把豆腐磨好就有人买，而且能卖个好价钱。

爹还是那个爹，娘还是那个娘。做企业就是要对得起客户，你给他们满意的产品，他们付钱养活你；华为走到今天，就是靠着对客户需求的敬畏，坚持把对客户的诚信做到极致。

我有一次在日本排了很长的队去吃面条，人家反复给我介绍这面条来自中国，怎么中国人面条没有做好，让日本人把面条做得那么好呢？这个就需要反思了。所以任何一件事，不要把方法论说得那么复杂，消耗了我们的精力，其

实我们就是一句话，你真心地对客户，终有一天客户会把口袋里的钱放到你的口袋里，客户还心甘情愿地。

的确，大道至简是企业经营的最高境界，面对不断变化的外部环境和复杂的内部形势，企业经营者只有透过现象把握其本质，采取简单有效的方法来解决问题、迎接挑战，才能始终保持可持续发展。在这方面，华为堪称典范，“大道至简”的思想始终贯穿在华为经营和管理行为的方方面面。

华为的事业起点是“使命驱动”，任正非将“活下去”视为华为最基本的使命，正如他所说，“我思考的是这三年要干什么，如何干，才能活下去……活下去，永远是企业的硬道理”。这个诉求如此简单、朴素、现实而又有着高远的立意，华为的所有经营理念和管理行为，都以它为出发点。对内是“活下去”，对外则是“以客户为中心”，这其实是一体两面，没有“以客户为中心”的经营理念和管理行为，“活下去”就是无本之木、无源之水。所以，围绕“以客户为中心”展开的所有企业行为，都是“活下去”的途径和手段。

华为的“聚焦管道战略”也突出体现了大道至简的理念。在大数据时代，假如说数据流量是水，那么华为做的就是运水的管道。这是华为的核心战略，这种战略使华为远离喧嚣和诱惑，在管理、品牌、研发、创新等方面都能集中力量，始终追求极致，因此，成就了自身的行业领导地位。

华为“大道至简”的理念还体现在规范管理上。“无规矩不成方圆”。华为通过精细化的培训使规则意识渗透到了每位员工的血液里，让一切都井然有序。华为的规范管理，从根本上避免了各种各样的不规范，这正是一种典型的“大道至简”。

华为以简单的商业之道，成就了令世界瞩目的伟大事业。也因此，华为被很多企业学习。令人遗憾的是，这些企业在学习时只看到了华为表面的成功，却没有几个能够像华为一样，秉承“大道至简”的思想，常年如一日地探索和坚守商业常识。抱着一种走捷径的功利思想去学华为，自然是永远也学不会的。

让我们再将话题回到任正非身上。要了解华为“大道至简”的商业思想，要探究华为如何尊重、探索、敬畏和坚守常识，就必须先了解任正非的人生经历，了解他的出生、成长、工作和创业……了解他与华为一路走来的风风雨雨……

而这本书应该是一个不错的选择。它以寻求真相的现实手法，从任正非的人生起点写起，力求还原任正非和华为的传奇征程，也基本上涵盖了任正非在商业上的每一个精彩点：如何走上创业之路，如何在强敌环伺中杀出一条血路，如何顽强地活下来并倔强地走出去，又如何一步步登上全球优秀企业之巅……，此外，书中还详细讲述了任正非的人生哲学和管理智慧等，希望能帮助读者朋友对任正非“大道至简”的思想有一个比较深入的认识。

知名财经作家、企业讲师　周锡冰

序言
PREFACE

任正非：做事业，做有高度的事业

任正非，华为传奇的缔造者、独一无二的精神领袖，他以“侠之大者，在乎为国为民”的高尚情怀，带领着华为从一家仅有2万元注册资本的作坊式企业，一跃发展成为销售额超过7200亿元的国际化大公司。

军人、硬汉、低调、孤独、霸道、土狼、战略家、思想家……各种评价交织在一起，赋予任正非“中国最神秘企业家”的形象。但正像他的名字一样，不管是赞誉，还是针砭，任正非都是一副任人评说的样子，从不将外界的评论放在心上。

贫穷是成大事者的第一桶金，挫折是成大事者的动力来源。创办华为之初，任正非与父母和弟弟妹妹住在深圳一间十几平方米的小屋里，生活潦倒，很多时候甚至连吃饭都是一个问题。

“忧劳可以兴国，逸豫可以亡身。”对于生活的折磨，任正非充满感恩。同时，他更加珍视生存的可贵，并将这种观念带到了华为的经营管理中，他不止一次地强调：“华为最基本的使命就是活下去。”

在任正非的带领下，华为人经常加班加点、没日没夜地工作，没有任何抱怨。风花雪月对华为人来说，似乎是另一个世界的事情。在华为人坚毅的精神世界中，“存在着尊严；在尊严之中，存在着意志力；在意志力中，存在着对最辉煌理想的内在渴求；在渴求之中，存在着欲望的爆发力”。

任正非的口头禅之一是“做事业，做有高度的事业”，这是他经常告诫华为员工的话，也是他一生的追求。

探究任正非的事业高度，必须从其本人的性格特征和华为的发展历程着手。

先来看任正非的性格特征。

首先，任正非是一位充满理想主义色彩的企业家。1994 年，当他发出“十年之后，世界通信行业三分天下，华为将占一分”的豪言时，周围的人都以为他是在吹牛，没有人相信会有真正实现的那一天。而这一天尽管姗姗来迟，但在以任正非为领袖的华为人的执着努力下，终成现实。可以这么说，如果任正非不是一个与生俱来的理想主义者，不是一个无可救药的乐观主义者，就不会有华为的今天。

其次，任正非拥有超前的眼光、领悟能力与决断能力。狂赌 CC08 交换机，在国产交换机市场上一路狂奔；押宝 GSM 和 WCDMA，出海横扫爱立信、诺基亚等；发展手机终端业务，也是一路横扫……实际上，如果没有任正非在企业发展关键阶段多次以超前的眼光和破釜沉舟的决断引导华为，恐怕华为也很难有今天的成就。

再次，任正非具有一颗赤子之心。在《华为基本法》中，有这样一段话：“爱祖国、爱人民、爱事业和爱生活是我们凝聚力的源泉。责任意识、创新精神、敬业精神与团结合作精神是我们企业文化的精髓”，这足以显示出任正非对人生的深沉思考。

任正非曾说，“我们倡导全体员工除了努力提高自己企业的核心竞争力外，积极参加各类社会活动，支持社会进步的各项举措，提高自己的精神素养；积极关心国家，支援希望工程；积极参加抢险救灾，热情捐赠；积极帮助贫困学生完成学业……”，任正非在事业上所取得的高度很大程度上就来源于他的一颗赤子之心。

最后，任正非目光深远，深谋远虑。他不是一个政治家，却有着一个政治家的敏锐眼光、谋略与胆识，这正是他能够在市场经济的大浪淘沙中始终勇立潮头的重要原因之一。

再来看华为的发展历程。

与通过对内垄断、对外限制来发展的金融、能源企业不同，也与市场竞争虽然充分但关税壁垒较高环境下成长的家电企业不同，任正非创立华为之初，中国为了加快通信基础设施建设以改善投资环境，对通信业设备进口设定的关税非常低。20 世纪 80 年代末 90 年代初，安装电话需要几千元初装费和等待几个月。当时的中国电信市场，从农话到国家骨干网，全部是昂贵的进口设备，共有七个国家的八种制式的机型，被称为“七国八制”。不难看出，华为从诞生那一刻起，就处于彻彻底底的全球化竞争时代。或许正因为在这种残酷的环境中成长起来，所以，任正非很早就从全球化的高度把握华为的发展方向。

华为取得的成绩是骄人的，但与华为骄人的成绩相比，任正非的个人财富却不值一提。华为并不是一家上市公司，所以我们无法准确计算任正非的个人财富，但他在华为只占 1.14% 的股份却是不争的事实。

事业与财富不可分割，在很多人看来，成就个人财富就是事业上最大的成就。假如我们将富豪极端化为两种类型：一种是财富驱动型，另一种是事业驱动型，前者以财富为终极目的，事业为手段和附加品；后者以事业成就为终极目的，财富则顺其自然。那么世间所有的富豪都居于这两种类型之间，而任正非则可能是中国企业家中最靠近后者的富豪。

2006 年，任正非在《天道酬勤，幸福不会从天降》一文中深切地说：“为了能团结广大员工一起奋斗，公司创业者和高层领导干部不断地主动稀释自己的股票，以激励更多的人才加入这从来没有前人做过和我们的先辈从未经历过的艰难事业中来，我们一起追寻着先辈世代繁荣的梦想，背负着民族振兴的希望，一起艰苦跋涉。公司高层领导的这种奉献精神，正是用自己生命的微光，在茫茫黑暗中，带领并激励着大家艰难地前行，无论前路有多少困难和痛苦，有多少坎坷和艰辛。”

由此可见，做事业，做有高度的事业，无疑是任正非最大的财富。

中国应该为拥有华为这样的公司而感到骄傲，任正非的这种事业观和财富观也值得每一个人深入学习。

目录
CONTENTS

PART 1

天将降大任于斯人也——艰苦岁月中的青春磨砺

PART 2

九死一生的坚持——任正非的创业征程

PART 3

叱咤海外，谁与争锋——问鼎世界的雄心与壮举

PART 4

非常人，非常道——任正非的人生哲学与管理智慧

PART 1

天将降大任于斯人也
——艰苦岁月中的青春磨砺

孟子曰："故天将降大任于斯人也，必先苦其心志，劳其筋骨，饿其体肤，空乏其身，行拂乱其所为，所以动心忍性，曾益其所不能。"

任正非绝对是这句话最好的践行者之一。任正非的前半生经历了太多的苦难与挫折，但也正是这些苦难与挫折的磨砺，造就了他自强不息、执着追求的强者心态。背负苦难，逆风飞翔，任正非为自己种下了希望，也收获了辉煌。

第 1 章

英雄莫问出处

“父亲穿着土改工作队的棉衣，随解放军剿匪部队一同进入贵州少数民族山区去筹建一所民族中学。一头扎进去就是几十年，他培养的学生不少成为党和国家的高级干部，而父亲还是那么位卑言微。

“母亲只有高中文化程度，她要陪伴父亲……成为父亲的挡风墙，又要照顾我们兄妹七人，放下粉笔就要和煤球为伍，买菜、做饭、洗衣……

“艰苦的生活以及心灵的磨难，是我们人生的宝贵财富。”

寒门出身，苦难伴成长

孟子曰："故天将降大任于斯人也，必先苦其心志，劳其筋骨，饿其体肤，空乏其身，行拂乱其所为，所以动心忍性，曾益其所不能。"这段为人们所熟知的名言，道出了一个简单的真理：苦难是成功道路上必须爬过的山峰。在漫长的人生旅途中，苦难并不可怕，受挫折也无须忧伤。只要心中的信念没有萎缩，你的人生旅途就不会中断。从某种程度上讲，苦难也是一种人生财富，它能够磨炼一个人的意志，激发人奋进。

通过辩证法去理解"苦难"，越是苦，越是难，就越是渴望摆脱苦难。苦难是前进的动力，经历苦难的孩子也应该很懂事，从小目睹父母的辛劳、体验生活的困苦，得知"热爱生活"的道理，有着奋斗与吃苦的自觉。他们虽历经苦难，但是获得富贵人家没有的东西。著名企业家王永庆说："唯有吃苦，孩子才能独立，唯有经过许多困难，才能培养毅力。"的确，伴随苦难长大的孩子因为没有很好的生活条件，一切都要靠自己的双手去创造、去争取，所以，他们长大后往往有着优秀的品格和能力。

在这一方面，任正非可以算是一个代表。

说到任正非，我们就不得不先了解一下他的出身。

任正非是典型的寒门出身。生活一开始就没有给他太多的眷顾，却给了他太多的苦难。即使是在功成名就之后，任正非也始终保持着低调的作风。

任正非的祖籍是浙江省金华市浦江县黄宅镇任店村。任正非的爷爷任三和是做金华火腿的大师傅。任三和的子女中，只有任正非的父亲任摩逊读过书。任摩逊出生于 1910 年，名木生，字摩逊。因为任摩逊自己的坚持，也因为父亲任三和一时的爱子心切，才被获准读了书，他也是那一辈任家子弟中唯一上过大学的读书人。1931 年，任摩逊进入北平民大经济系就读，求学期间正值日军入侵东北，救亡运动高涨，他和很多热血青年一起参加了运动。后来因为父母相继病逝，他在差一年就读完大学的情况下辍学回家。

抗日战争时期，任摩逊在同乡的介绍下到位于广州的一个工厂当会计，这是一家生产防毒面具的兵工厂。因为战争的逼近，这家工厂迁到了广西融水，任摩逊也随之前往。在广西工作期间，任摩逊与几个朋友在业余时间开了一个生活书店，卖革命书籍，又组织了一个读书会，这个读书会中有几十人后来都走上了革命道路。融水重写党史时，还特意将任摩逊邀请了过去。

由于战争局势日益紧张，这个兵工厂后来又迁到了贵州桐梓。1944 年，任摩逊送家眷回乡定居，自己选择在贵州教书，自此，便长期在贵州生活，直至去世。

在贵州，任摩逊和程远昭结了婚，育有二子五女，任正非是老大。1944 年，任正非出生在贵州安顺地区镇宁县山区。镇宁县山区是母亲程远昭的家乡，这里属于喀斯特石灰岩地形，风景优美，被誉为“中华第一瀑”的黄果树大瀑布就坐落于此。这里风景优美，青山倒映在绿水里，水流千转山不移，古人形容道：“白水如棉，不用弓弹花自散；红霞似锦，何须梭织天生成。”然而，因为交通不便，这里的经济一直非常落后。

由于时代的关系，任正非的成长之路一直伴随着苦难。这种苦难虽然是那个时代比较普遍的社会现象，但对于当时的任正非一家来说，他们经受的苦难更严重。

苦难严重到了什么程度？在《我的父亲母亲》一文中，任正非对此有一段刻骨铭心的描述。

我与父母相处的青少年时代，印象最深的就是渡过“三年自然灾害”的困难时期。今天想来还历历在目。我那时十四五岁，是老大，其他弟妹一个比一个小，而且不懂事。爸爸有时还有机会参加会议适当改善一下生活。而妈妈那么卑微，不仅要同别的人一样工作，而且还要负担七个孩子的培养、生活。煮饭、洗衣、修煤灶……什么都干，消耗这么大，自己却从不多吃一口。我们家当时是每餐实行严格分饭制，控制所有人欲望的配给制，保证人人都能活下来。如果不这样，总会有一两个弟妹活不到今天。我真正能理解“活下去”这句话的含义。

我高三快高考时，有时在家复习功课，实在饿得受不了了，用米糠和菜和一下，烙着吃，被爸爸碰上几次，他心疼了。其实那时我家穷得连一个可上锁的柜子都没有，粮食是用瓦缸装着，我也不敢去随便抓一把，否则也有一两个弟妹活不到今天（我的不自私也是从父母身上学到的，华为今天这么成功，与我不自私有一点关系）。高考临近，妈妈经常早上塞给我一个小小的玉米饼，要我安心复习功课，我能考上大学，小玉米饼功劳巨大。如果不是这样，也许我也建不了华为这样的公司，社会上多了一名养猪能手，或街边多了一名能工巧匠而已。这个小小的玉米饼是从父母与弟妹的口中抠出来的，我无以报答他们。

就是在这样的苦难洗礼下，任正非产生了强烈改变现状的渴望，并锻炼了坚韧的性格，百折不挠，懂得以身作则，从不怨天尤人。任正非的这种精神也是当今众多年轻创业者应该学习的。

正所谓，“雄关漫道真如铁，而今迈步从头越”，每一个有创业梦想的年轻人，在经历苦难、最无助的时候不妨想想任正非，我们的苦难应该不会比他更惨，至少我们还有青春，还有“大众创业、万众创新”的良好社会环境，如此，还有什么苦难是我们所克服不了的呢？

艰苦岁月，父母是最好的老师

父母是孩子的第一任老师，是孩子最初的模仿对象，在很长的一段时期内，他们也是孩子唯一的模仿对象。

孩子在父母的关怀抚爱中逐渐认识世界，在父母的言行中潜移默化地接受人格的陶冶，孩子对父母是信赖和尊敬的，父母的一言一行、一举一动对子女都有着言传身教和潜移默化的作用。

在艰苦环境中长大的任正非，其性格的养成更是与父母有着密不可分的关系，他的许多观念都来自父母。任正非的父母虽然都属于知识分子，但由于工作繁忙，生活困难，再加上孩子多，所以并没有刻意教育过任正非，但他们的一言一行却在潜移默化中影响和塑造着任正非。

任正非的名字就是父亲任摩逊取的，关于这个颇有禅意的名字，还有多种解读。有人说，“正即非，非即正，正中有非，非中有正”，讲的就是一个平衡或中庸。也有人说，这个名字饱含着任摩逊几十年人生的深刻感悟，是他在告诉儿子：人世间充满是是非非，究竟何为正，何为非，需要一个人用一辈子去研究、去领悟。其实，名字只是一个人的代号，或许任摩逊当时根本就没有想这么多。

由于所处时代和社会环境的影响，任摩逊吃了不少苦，但他都坚强地扛了过来。这对任正非触动很大。

尼采说："但凡不能杀死你的，终将使你强大。"父亲也用自己的经历教会了任正非什么是活下去的倔强。任正非曾感慨："我真正能理解'活下去'这句话的含义！""华为最基本的使命就是活下去。"任正非之所以会产生这种初看上去简单至极却包含着人生大智慧的念头，事实上，也正是源于从父亲身上学习到的"活下去"的精神，这种精神让他把虚荣的面具撕了下来。即便到了今时今日，华为已经贵为世界通信企业的巨头，任正非所追求的依然是活着："我没有远大的理想，我只想这几年如何活下去。"

值得指出的是，华为最出名的"人人股份制"的诞生也是得益于任摩逊的影响。任正非回忆说："我创建公司时设计了员工持股制度，通过利益分享，团结起员工，那时我还不懂期权制度，更不知道西方在这方面很发达，有多种形式的激励机制。仅凭自己过去的人生挫折，感悟到与员工分担责任，分享利益。创立之初我与我父亲相商过这种做法，结果得到他的大力支持、他在 20 世纪 30 年代学过经济学。这种无意中插的花，今天竟然开放到如此鲜艳，成就华为的大事业。"

母亲程远昭给任正非带来的影响也很大。程远昭在 17 岁时生下了任正非，又接连生下了六个孩子。丈夫全心扑在工作上，她一个人要承担照顾七个孩子的重任，还要照顾丈夫，经营家庭，不仅如此，她还要通过学习使自己成为一名教师。这些看上去不可能做到的事，程远昭都做到了。尤其是通过自学，成为一名高级教师，更是非常不容易，她的学生中，还出了不少省、地级干部及优秀的技术专家。

俗话说，巧妇难为无米之炊，可程远昭却做到了无米之炊也可为。她常常能在极端饥饿的窘况中，不断想出办法，解决全家人的吃饭问题。

创办华为后，任正非屡次陷入困境，但他一直记得母亲的话："办法一定会有的。”这种不放弃的精神伴随了他大半生，支撑着他披荆斩棘永不言败，在创业的道路上艰难前行。

程远昭还是一位非常善良贤德的女性，总是想他人所想，却很少考虑自己，即使是在任正非创业已经小有成就后，还去菜市场捡菜叶、死鱼，省吃俭用，攒下几万元钱，为的就是能随时帮上任正非。

庄子说：“至人无己，神人无功，圣人无名。”母亲用自己的生活态度，向任正非展示了普通人也可以无私、无功、无名。这是真正的厚德，也是任正非从母亲身上学到的最重要的品德。

在艰苦岁月中，父母是任正非最好的老师。他们尽管没有给任正非衣食无忧的生活，但通过言传身教，让任正非明白了很多实用的人生道理。

1997 年世博会，华为的一名员工陪同任正非的小学和中学同学参观时，曾问起任正非小时候是个什么样的人。他的一个同学说，他是一个鼻涕邋遢但成天笑呵呵的人。在接受法国媒体采访时，任正非自己也说：

“我也不清楚怎么解释自己是什么样的一个人，因为不知道应从哪个角度来看。我认为自己从来都很乐观，无论身处什么样的环境，我都很快乐，因为我不能选择自己的处境。包括小时候很贫穷，我也认为自己很快乐，因为当时我也不知道别人的富裕是什么样的。直到四十多岁以后，我才知道有那么好吃的法国菜。

“我小时候生长在贵州的一个少数民族边缘小镇，在小镇读了小学和中学，随父亲工作变动，到了很小的一个城市读中学，然后考上大学。我父母都是中、小学教师，虽然他们没有给我们宽松的物质生活条件，但在我们教育上的付出非常大。”

可见，任正非被称为“不可救药的乐观主义者”，也是因为童年时期受到了父母的影响。

父母对任正非的影响极深。即便是现在，任正非依然能清晰地回忆起童年时代母亲讲过的英雄故事，也记得母亲的教诲："一个强大的人要时刻记得他人。"正是这些人生养料滋养着任正非，使他成长为一位受人尊敬的企业家。正如柳传志在《〈我的父亲母亲〉读后感》一文中提到的："和任正非一样，我们能以身作则地把企业利益放在个人利益的前面。追根溯源，是我们的父辈给我们打下了如何做人的基础。"

神秘的军旅生涯

当今世界上，许多著名企业家都是军人出身。在美国，最大、最优秀的"商学院"，不是哈佛，不是斯坦福，而是西点军校。第二次世界大战以来，西点军校培养出的董事长有 1000 多名，副董事长有 2000 多名，总裁有 5000 多名。

而在中国，军人出身的成功企业家也不胜枚举，有军校毕业的柳传志、王健林，有当过五年汽车兵的王石，还有张瑞敏、宁高宁等。当然，任正非也是其中的一员，而且可以说是企业家中取得成就最大的军人之一。

1963 年，任正非考上了重庆建筑工程学院，大学毕业后，成为基建工程兵部队中的一员。

任正非所属的基建工程兵部队成立于 1966 年，是解放军开设的一个新兵种，主要负责国防施工和国家重点工程基础建设任务，如挖山洞储藏物资，在偏远地区修筑铁路、公路、桥梁，承担三线建设和码头、机场、基地工程等。

入伍没多久，任正非所在部队奉调去贵州参加一项代号为"011"的军事工程。这是 20 世纪 60 年代国家三线备战建设的重点工程之一，主要是建设战略大后方的军用飞机和航空发动机制造厂。工程总部就位于任正非的家乡贵州省安顺市，这让任正非十分兴奋，虽然忙于施工不能随时回家，但总可以抽空去看望家人。

当时的任正非正是激情满怀的年纪。面对这场艰苦的国防施工，任正非的内心充满了英雄主义的悲壮情怀。虽然他所在的部队并没有上战场杀敌立功，但那些艰苦却又热火朝天的工程建设经历，同样可以用“金戈铁马，攻城拔寨”来形容，这使得他日后不自觉地将艰难创业与战争等同起来。创办华为后，他多次以讴歌将士的方式称赞华为市场部的员工们：“没有他们含辛茹苦地艰难奋战，没有他们的‘一把炒面，一把雪’，没有他们在云南的大山里、在西北的荒漠里、在大兴安岭风雪里的艰苦奋斗，没有他们远离家人在祖国各地，在欧洲、非洲的艰苦奋斗，没有他们在灯红酒绿的大城市，面对花花世界而埋头苦心钻研，出淤泥而不染，就不会有今天的华为。‘吃水不忘挖井人’，我们永远不要忘记他们。”

“苦心人，天不负。”因为在动荡的岁月里没有荒废自己，坚持刻苦学习，任正非在部队中迅速表现出了良好的科技素养，获得多项技术发明成果，其中两项还填补了国家空白，得到了领导和战友的一致认可。任正非以自己的智慧和汗水，为国家建设做出了应有的贡献。

任正非十分注重政治学习，他把马克思的《资本论》等著作熟读多遍，对四卷本的《毛泽东选集》也是研读极深。

在部队期间，任正非还被评为“学毛选标兵”。如果你认真阅读过任正非的谈话，就不难发现，他非常喜欢引用毛泽东的论述，对毛泽东的军事理论、群众路线、矛盾论和辩证唯物主义等思想有着深刻的理解，可以说，华为的管理思想理论基础，就是毛泽东思想在企业中的“活学活用”。

1978 年 3 月，任正非出席了全国科学大会，6000 人的代表中，仅有 150

多人在 35 岁以下，而任正非 33 岁。后来，任正非加入了中国共产党，还出席了党的第十二次全国代表大会。任摩逊对儿子所取得的成绩非常高兴，做了一个大大的相框，把任正非与党中央领导合影的照片挂在墙上，全家都引以为豪。

任正非从军 14 年，这段军队经历对他的性格和华为企业文化都有绝对性的影响。而任正非的战友们，也主要从事通信工作，在后来的日子里，他们的人生轨迹比较类似，转业后都被分到了全国各地的通信管理单位，这些都是任正非日后创业的深厚人脉，毕竟战友之情，远非一般友情可比。

熬过了艰难的岁月，任正非的人生似乎开始灿烂起来，他有了稳定的工作，有了美满的家庭，日子过得平静而幸福。但这时命运又和他开了一个玩笑，这种平静和幸福的日子并没有持续多长时间，他的人生就迎来了一个巨大的转折。

第2章

悲剧开端，亦是荣耀开始

“（从部队）走入地方后，不适应商品经济，也无驾驭它的能力，一开始我在一个电子公司当经理也栽过跟头，被人骗过。后来也是无处可以就业，才被迫创建华为的。

“人的一生太顺利也许是灾难，如果注意看，就会发现你受的挫折是福不是祸。

“如果没有在那个时代看到光明，荒废了那个时代，我就不可能在今天这个时代站起来。”

转折点——南下深圳

如果不来深圳，或许马化腾就不是创建腾讯的互联网巨头，而只是一个普通的理工男；如果不来深圳，或许王石就只能是一个普通的姓王名石的男人，而不会成为万科的董事长；如果不来深圳，任正非或许也就只是个普通的中年人，成家立业，有一份稳定的工作。

改革开放后的深圳经济特区，为每一个人打开了一扇窗，只要敢想敢闯敢干，敢为天下先，就有可能成功。这里既是实验田，也是冒险家的乐园。让一部分人先富起来，然后带动大家共同富裕，这不是神话与大话。如今回过头来看，深圳真的做到了，而且创造了数不清的传奇人物，而任正非，正是其中最为精彩的一个。

1980 年，深圳成为中国首批经济特区之一，来自全国各地的建设者和创业者如潮水般涌向这里，他们行囊简单，拥有的只是对未来热切的期望。

20 世纪 80 年代初期，国家大裁军，开始撤销基建工程兵。正是在这样的大背景下，任正非复员转业，南下深圳。他曾回忆道：“我一生最大的荣幸就是赶上了改革开放的历史机遇，是小平同志的思想引导中国走上了初步的市场经济，我也赶上了这个好时代，有幸搭上了这条船，于 1987 年自谋出路，才创办了华为公司，随着主流到今天。”

南下深圳之前，任正非并不是没有别的选择。他是部队里的技术骨干，领导对他十分器重，打算将他留在部队，并给他找好了工作单位——在一个军事科研基地搞研究。任正非多年生活在部队，早已习惯军人的生活，对军队也是恋恋不舍。但当时，他已经有一子一女，妻子也已经先到深圳工作了。如果自己留在部队的话，就要长期过两地分居的日子，这对两个孩子的成长也不太好。思前想后，任正非决定先带着孩子去那个科研基地看看情况，然后再做决定。到了基地后，女儿孟晚舟（随母姓）的一句话促使任正非有了最终的决定，女儿对他说：“爸爸，这个地方好荒凉啊。”

对待子女，当时的任正非一直心有亏欠。他常年待在部队，并没有给孩子多少父爱。如今，听到女儿的话，他的心里更是不好受，难道还要让子女继续在缺少父爱的日子里成长吗？虽然不舍军队，但他更不舍亲情，何况坐在办公室搞研究，也不是他最想要的工作。于是，任正非最终放弃了领导对他的安排，决定转业到地方，去迎接更大的挑战。

1983 年盛夏，在深圳经济开发区罗湖火车站，一个 40 岁左右的中年人从摩肩接踵的人流中挤了出来，他肩上背着一个包，两手提着行李袋，脚步匆匆。这个人就是任正非。在办完转业手续后，任正非很快来到深圳，去南油集团上班，而她的爱人已经先他一步到南油集团工作，并且身居高层。

对任正非来说，深圳是一个不能用以往的生活经验来衡量的地方。开放、新奇、冒险，种种陌生又让人兴奋的词汇，让一心想开创一个不一样生活的他感到了从灵魂深处发出的契合感，从踏上深圳土地的那一刻，任正非或许就已经认定：深圳注定是他挥洒热血的地方！

虽然激情满怀，但事业还得脚踏实地地从头做起。任正非下了火车便赶去南油报到。

在部队的时候，尽管物质简朴却不用担心基本的生存问题。然而，在深圳这个新兴的城市里，却处处充满了残酷的市场竞争。对于一个已经习惯军队生活的人来说，怎样适应深圳的新生活，无疑是一个十分现实的问题。不适应商品经济的大环境，军人意识过强，初来深圳的任正非，与这座城市显得有些格格不入，这使得他在工作中遇到了一些麻烦。

从踏入深圳的那一刻起，任正非内心的豪情壮志就如星火燎原般越烧越旺，然而，一时之间他又根本找不到可以施展的途径和空间。在南油集团工作期间，任正非曾怀着一颗大干特干的心专门给南油老总写了一纸“军令状”，请求把旗下的一家公司交给他打理，刚开始，他的要求并没有获得回应，热情换来的只是冷淡，可谓“出师不利”。

彼时，深圳改革开放才刚开始，工作和生活条件比较艰苦。孟晚舟在《华为人》报上发表了《风筝》一文，回忆了当时的艰苦环境：“父母响应党的号召，在深圳艰苦工作，他们住在漏雨的房子里，深圳是多雨地区，外面下大雨，里面下小雨，四面透风的屋子里，隔壁邻居说话都能听见。”不久之后，由于孟晚舟要上初中，为了不影响学习，她被送回了贵州的爷爷奶奶家。

军人出身的任正非对这些艰苦自然不会放在心上，反而认为这是一次不可多得的机会，可以施展能力，一展抱负。他激情满满，一上任，就开始大展拳脚。同时，为了适应新的时代和新的职位，他又开始学习新知识，想要迅速地融入这座新兴的希望之城。经过一段时间后，任正非也的确适应了深圳速度，并喜欢上了这种快节奏的工作和生活。然而，就是在这个重要的转折点上，任正非遭遇了人生中最大的一次“滑铁卢”。

人生“滑铁卢”：事业低谷，婚姻破裂

20 世纪 80 年代，商业大潮开始兴起，很多行业的人都开始下海淘金。他们都想要抓住“第一时间”发财，其中有的人的确发了财，摇身一变，成为大款，当然，也有些人刚一下海，就被呛了一口苦涩的海水，遭遇了失败。刚到深圳的时候，任正非并没有自行创业，而是在国有大集团南油工作。即便如此，在复杂险恶的商场，他还是吃了大亏，雪上加霜的是，事业不如意，感情生活也遭遇了巨大灾难。

当时，任正非开始注意到市场上出现的一种高科技产品——数字式程控电话交换机。更精确地说，任正非注意到了市场上那种强烈变化的经济形势。

1876 年，世界上第一部电话诞生于美国的贝尔实验室，电话的核心设备就是交换机，负责整个接转功能。1965 年，美国成功研制出了世界上第一部计算机控制的电话交换——程控交换机，这是电话交换技术的一个重大突破，将电话的工作效率提高了上万倍，而体积却只有原来机电式交换机的十几分之一，由此，程控交换机很快成为世界各国电信网中的主流设备。

20 世纪 80 年代中期的深圳，到处都是生意人，而他们最想买的第一件东西就是电话。不过，当时中国还没有引入这项技术，不能自行生产程控交换机。

各国厂商发现了这其中的商机，选择了代理程控交换机生意，有的还贴牌生产。因为通信行业发展迅速，程控交换机市场大，很多国内厂商都想抢占这个市场，但鉴于技术瓶颈，一时之间并没有太大的突破。

技术出身的任正非敏感地发现了这项技术所蕴藏的商机，也对贴着形形色色标签的交换机充斥国内市场感到不满，认为国有企业应该在这个领域发挥作用。于是，他立即向南油董事会申请成立数字程控交换机研发组，并说服了公司领导同意拨款研制。很快两年过去了，耗资300万元，项目并没有获得成功。

之后，任正非便被调到了南油集团下属一家电子公司做总经理。上任后，任正非急于有所建树，以将功补过，弥补在交换机研发上的失败，并很快谈成了一笔200多万元的大生意。因为是自己谈的第一笔大单，任正非十分重视，从生产到发货，全程亲自把关，并按照合同规定时间准时发货。货发出去以后，任正非本以为万事大吉，谁承想，这一次他碰到的是商场骗子。对方收到货后迟迟未将货款打过来，一开始还假惺惺地找借口，后来干脆撕下脸皮，恶语相向，最终连任正非的电话都不接了，玩起了失踪。那时候，商业初兴，相关法律法规还不完善，有的甚至没有相关规定，即便签了合同，很多时候也避免不了被骗，任正非遇到的就是这种事，价值200万元的货物全被黑心的骗子骗走了。

200万元在今天看来数目不算太大，但在当时却是一笔巨款，要知道，当年内地城市月工资平均还不到100元。

军队出身的任正非忠厚正直，对任何人都以诚相待，从长久来看，这样的性格在商场上是一种优势，但在最开始的时候往往容易吃亏，尤其是在商业环境还不完善的时代。当时的深圳，像上述这种骗子并不在少数，他们往往笑里藏刀，遇到善良的人，就会毫不留情地将其骗得一干二净。

壮怀激烈，欲干一番大事业，却遭遇如此一盆兜头冷水。任正非受到沉重打击，不仅得变卖全部家产来还债，也无法继续在南油集团待下去了。

俗话说，“福无双至，祸不单行”。在事业上遭遇“滑铁卢”的同时，任正非的家庭生活也出现了严重危机。因为一些不可调和的矛盾，他与妻子离了婚，一双儿女也被妻子带走。回忆起这次离婚，任正非感慨不已，认为生活无常，爱情难测。

青春不在，人过中年，未来还长。处在这个阶段的任正非事业上遭遇“滑铁卢”，生活上又妻离子散，无疑是到了人生的最低谷。此时的他，当然倍感心酸，心中的痛苦与折磨不难想象。但对任正非来说，并没有太多痛苦和悲伤的时间，因为他身上还有千斤重担：已经年迈的父母需要他赡养，六个弟弟妹妹的生活需要他照顾，已经离开他身边的两个孩子也需要他付出。任正非知道，自己不能倒下，决不能倒下。

离婚后，几乎赔尽家产的任正非不得不和父母、弟弟妹妹一起挤在一间十几平方米的棚屋里，每天买最便宜甚至不要钱的死鱼、死虾和没人要的烂菜来吃。房子里太拥挤，根本做不了饭，只能到阳台上做。父母看到任正非的窘况，实在不忍心给儿子增加负担，不久之后，便回了老家。对于一个 40 多岁的男人，这该是一种怎样的凄凉！未曾经历过的人自然不会懂得，但想起来，都是会让人心有戚戚焉。

身心俱疲的任正非强撑着去寻找新的出路，每天都是早出晚归，睡得也非常晚。因为“使公司遭遇了巨大的损失”，一些知情的公司都不愿意用他，而对于不知情的公司，耿直的任正非也没有撒谎掩饰自己的这个大错。如此，要想寻找一份合适的工作显然是很难的。

鲁迅说过，“真的猛士敢于直面惨淡的人生，敢于正视淋漓的鲜血”。任正非无疑就是这样真正的猛士，面对最惨痛的人生，他没有倒下，面前的路即使漆黑一片，他也要一步步勇敢向前。既然寻找一份合适的工作太难，那么，已经人过中年的他，便决定孤注一掷，走一条破釜沉舟的路——下海。就这样，深圳少了一个国企干部，中国多了一个高科技企业的“开创者”。

“我们这种人在社会上，既不懂技术，又不懂商业交易，生存很困难，很边缘化的。”任正非回忆当时的窘境。

1987 年，任正非 43 岁，人生轨迹已在神州大地上画了一个大三角形，但毫无建树。所以，创业伊始，任正非所想并没有太多的理想主义，仅仅是为了糊口和提高家人的生活品质，正像他自己所说，是“一个扛着压力向前、被逼无奈”的创业故事。

PART 2

九死一生的坚持
——任正非的创业征程

创业是条九死一生的荆棘路。

如果说走完这条路只有一个秘诀，那会是什么呢？任正非给出的答案只有两个字：坚持。

坚持是在遇到困难和身处逆境的时候反映出来的一种心态，坚持自己的目标，坚持提升自己，坚持超越困难。忍得住孤独，耐得住寂寞，挺得住痛苦，扛得住压力，抵得住诱惑，经得起折腾，受得起打击，丢得起面子，负得起责任，提得起精神。如此，自然就会实现梦想，创业成功。

第3章

孤注一掷的创业路

“华为创建在深圳倒买倒卖的时代，搞技术，人家说是傻子。外部环境的不协调，华为的创业艰难可想而知。

“像日本那些企业那样，经历九死一生还能好好地活着，这才是真正的成功。

“研发成功，我们都有发展，如果研发失败，我只有从楼上跳下去。”

总有一个地盘“任我行”

华裔著名企业家邱永汉说过，“25~35岁为创业最佳期，40岁已经相当迟，40岁以后则是例外中的例外”。任正非就是例外中的例外，他创业的时候，已经43岁了。这样的年纪选择创业，显然要承担更多、更大的风险，而能取得成功，自然也意味着任正非的创业有着比别人更值得津津乐道的故事。

事业受挫，感情失意，人生跌到了谷底。面对残酷的现实，任正非没有选择屈服，也没有随波逐流，而是决定创业。

创业首先面临的问题是做什么，没有明确目标，创业就会像一只没头的苍蝇。对当时年过四十的任正非来说，人生已经不起太多的折腾，要创业，就得选择一条路，勇敢走下去。

任正非在南油集团的时候就对程控交换机十分关注，而在辞职后，一个很偶然的机会，让他将这份关注变成了创业的项目。

当时，深圳有很多人都在做程控交换机生意。他们从港台寻找渠道供货，将各种各样的交换机运进深圳，然后转手倒卖，有的还会做个外加工，贴上标签，以赚取更大的利润。

一个很偶然的机会，在朋友的介绍下，任正非也做了几次交换机的生意，因为之前就有密切关注，在经过商业实践后，他便认准了这门生意，将创业的突破口放在了交换机上。

1987 年，秋风萧瑟，在深圳湾畔一个杂草丛生的地方，在两间简易房里，任正非与他人合伙投资 21000 元，创办了一家小公司，取名“华为”，注册为集体企业，经营项目主要有小型程控交换机、火灾警报器、气浮仪开发生产及相关的工程承包咨询。那时候，恐怕没有任何人会想到，这家诞生在破旧简易房里的小公司，如今会成为一家走向世界的大公司，而且改写了中国乃至世界通信制造业的发展史。

根据任正非自己对外界的披露，最初起“华为”这个名字有很大的随意性。当时注册时，他一时之间想不出好名字，看到墙上“中华有为”的响亮标语，就将其中的“华”“为”两字拿来为公司取名。在很长一段时间内，任正非都觉得“华为”这个名字取得并不好，因为它的发音是闭口音，喊起来不响亮，“所以十几年来我们内部一直在争议要不要改掉‘华为’这个名字，最近我们确定不改了。我们要教一下外国人怎么发这个音，不要老念成‘夏威夷’”。

随着业务发展的需要，创立不久后，华为就搬进了位于深圳南山区南油工业区里一栋七层高的破旧大楼的五楼。当时，这栋大楼每一层实际上都是仓库型的房屋，华为就占用了其中的十多间仓库。这栋破旧大楼后面是一栋名叫亿利达的大厦，一家大公司占用了整幢大楼。当时，刚到华为公司的员工对这家大公司充满了景仰之情，甚至幻想，如果自己也能到这样的大公司里上班该有多神气！

虽然环境艰难，但是华为的员工对未来充满了信心，有着勇往直前的干劲。他们在仓库的另一头用砖头垒起墙，隔出一些单间，自己就住在这些单间里。仓库很少有窗户，这些隔开的单间更是没有阳光，隔墙只垒了一人高，顶上是空的，方便空气流通和采光。这样还有个好处，就是大家不用怕忘记带宿舍的钥匙，从仓库这边翻墙过去就可以。仓库里到处堆放着从香港公司运来的交换机配件和组装好的整机，员工们还在仓库一角开发用于做配件的板件，然后将买来的配件组装成整机。

当时，任正非几乎每天都到现场，开会研究面临的困难，分工协调解决各种各样的问题。到了吃饭时间，任正非和公司领导就在大排档同大家聚餐，由其中职位最高的人自掏腰包请大家吃饭。现在，很多老员工回忆起当年的情景仍禁不住精神为之一振，充满向往，有人感叹道："那种情景恐怕只有在二十世纪五六十年代的中国才能见到。在华为历史上，也很难再有第二次。"

那时候，跟着任正非创业的是一群充满梦想的年轻人。他们多数受过高等教育，从内地南下深圳特区闯荡，心中都有着干一番大事业的雄心。凭借出色的口才和个人魅力，任正非将这群年轻人打造成一支"铁军"，让他们从内心相信自己所从事的事业前途远大，只要公司能生存下去，自己就必将拥有极其美好的未来。那段时间，任正非还说了一句很有煽动性的话，他让员工以后买房子时要选阳台大的朝南的房子，以后可以用来晒分到的钱，这就是后来华为"晒钱"传奇的由来。

最初几年，华为主要是代销香港的 HAX 交换机，和一般做这种生意的商人一样，靠价格差获利，慢慢积累原始资本。依靠代理交换机，任正非赚到了人生的第一桶金，华为也进入了电信设备行业，虽然这是一个被任正非称为"因为幼稚"而走进去的行业，但却让他"因祸得福"。

任正非对单纯代理并不甘心。在代销过程中，他看到了中国电信行业对程控交换机的需求，也看到了整个市场被跨国公司把持。当时国内使用的所有的通信设备几乎都依赖进口，行业内流传着"七国八制"的说法，也就是说，当时的中国通信市场上总共有八种制式的机型，分别来自七个国家。所有国内通信设备厂商一出生，就置身于"八国联军"的包围之中，几乎没有任何立足之地。

出于强烈的责任感和敏锐的商业嗅觉，任正非决定，华为要自己做研发。

也就是从这个决定开始，任正非告别了“代理商”身份，真正踏上了伟大企业家的道路。

自主研发，做自己国家的产品

任正非决定让华为走上真正的自主研发的道路，自然是强大自身最好的路子。然而，既没有技术，也没有人才，到底该从哪里入手呢?

当时，国家邮电部下面好几家国营单位都开始生产 34 口和 49 口的小型程控交换机，任正非就从一些国营单位买回散件，组装 24 口型程控交换机 BH01，做完后，进行包装，写说明书，然后打华为的品牌，再到全国找产品代理商进行销售。

24 口的 BH01 属于低端机，技术含量不高，市场也受限制，因此只能依靠低价在小型的医院、矿山使用。另外，当时的华为也做不到买断，也就是说华为的 BH01 和其他公司的 BH01 同时在市场上销售。但是，华为坚持打自己的品牌，把自己的优质服务注入功能、外观都和别家一样的产品中。

BH01 小型交换机推向市场后，市场反应不错，一度还出现了供不应求的局面。但也存在很大的问题，就是华为 BH01 小型交换机的配件出现了断货，这使华为公司在生产发货的时候显得非常被动。

为了早日摆脱这种不利的局面，任正非一边鼓励员工继续组装产品，一边放手让技术人员开始搞新一代交换机的研发。

1990 年，时任香港华为财务管理部负责人的莫军任项目经理，华为研发部门开始参考 BH01 的电路和软件，进行自主知识产权的电路设计和软件开发。为了给客户以连续性的印象，这次的交换机型号起名为 BH03，也是从 24 口开始做。从外观和基本功能上看，BH03 只是换了个更漂亮的机壳，功能和 BH01 差不多，但 BH03 里面每块电路板的设计和话务台软件的研发都是华为公司自己做的。

BH03 的研发部门只有 6 个人，软、硬件都做，工程师一面负责电路板的设计，一面负责全部软件程序的编写，还要进行整机的调试。当时，华为没有任何测试设备，从外面加工回来的电路板上有上千个焊点，工程师们只能用放大镜一个一个地目测检查有没有虚焊、漏焊或连焊的问题。一位参与了这次研发的老员工回忆说："关键时刻，工程师们从白天到晚上不断地编写软件，调试、修改、再调试。记得有位工程师，负责改写软件和测试全机性能。他累了就抽支烟或闭一下眼，病了也一边吃药一边不停地干。当项目成功、机器出厂后，他又到上海指导安装开通，累得连眼角膜都掉了，不得不住院手术，才保住了视力。"当时检测交换机的性能没有自动测试设备，也只能由工程师用话机一项一项地测试。遇到大话务量这一项的测试时，就把全公司的人都叫到一块，一人两部话机，大家同时拿起听筒试。

经过近一年时间的研发，BH03 交换机成功推出，并通过了邮电部的验收，取得了正式的入网许可证。可很多人不知道的是，最初生产出来的价值 100 万元的 8 台 BH03 用户交换机，全都是华为工程师们一台一台地调试、修改、再测试，才最终通过的。

需要指出的是，任正非当时不仅使用了华为所有的利润来投资这一研发，而且把客户预订小型交换机的定金也都投了进去。假如到 1991 年这一款产品还不能供应市场的话，华为就要破产了。

但最终，任正非和华为赢下了这场赌局。

BH03 交换机推出后，在市场上大受欢迎，这极大地减轻了华为的产品压力，也极大地提高了任正非对研发投入的积极性。BH01、BH03 都只是小型交换机，市场受限，而利润更好的设备还是大型交换机。为了在大型交换机上有所突破，任正非连续引进了郭平和郑宝用两位电信方面的专业人才，并开发了 48 口的交换机 HJD48，使自身成为小型交换机市场上具有全系列产品的完整供应者，也使得华为在 1992 年成为国内不可多得的用户交换机生产企业，当年的销售额就突破了 1 亿元大关。

1993 年初，在深圳蛇口的一个小礼堂，任正非召开了华为 1992 年年终总结大会。当时有全体员工 270 多人。会议开始后，任正非满脸沉重、嗓音沧桑，在台上只说了一句“我们活下来了”，就泪流满面再也说不下去，双手不断抹着泪水……听着任正非的话，看着任正非的眼泪，与会的华为人无不为之动容。这也充分反映了任正非为华为生存和发展所付出的努力、所承载的责任和压力。

当然，任正非并没有就此满足，研发上的成功让他决定将全部利润投入到研制容量更高和性能更好的 C&C08 交换机中。由此，任正非和华为也迎来了新一轮的挑战，这其中，不乏巨大的惨败和生死的考验。

惨败中激发出斗志与狼性

在创业初期，任正非虽然高度重视研发，但最重视的还是增强华为的竞争力。因此，研发始终是为市场服务，基本上没有固定规则，通常是任正非有一个大致的研发方向后，分工给所有的研发人员，然后大家一起上，通过人海战术攻克研发中碰到的难题。实事求是地说，这种赌博式的研发方式在当时是有一定成效的，BH01 和 BH03 的成功就是明证。但不容忽视的是，也存在诸如 JK1000 这样的失败。

JK1000 是华为研发的第一款局用交换机，其设计是基于空分模拟技术，而不是更先进的数字程控技术，因此也称为空分局用交换机。当时，在整个国际交换机市场上，空分模拟技术基本上已经淡出市场，数字程控交换机正在被迅速普及。但是，华为当时还没有成立专门的研发决策机构，只是在经过简单的分析后，得出了一个论断：按照中国通信产业的总发展目标，在 21 世纪到来之前，中国的电话普及率最多也就是 6% 左右，所以语音业务在 21 世纪之前依旧是通信业务的主体，而诸如传真等非语音业务，市场空间有限。从一般消费者的立场分析，数字技术的成本太高，特别是在中国，短期内依然会以空分模拟技术为主。正是基于此，在任正非的带领下，华为全力以赴地开发出了 JK1000 局用空分模拟交换机。

事实证明，这一次任正非和华为犯了一个极其严重的错误。1990 年，我国固定电话的普及率仅仅是 1.1%，在世界上 185 个国家中居第 113 位，只相当于美国 20 世纪初的水平，而同时期发达国家如美国的电话普及率已达 92%。当时任正非认为，从我国电信产业的发展趋势来看，到 2000 年，最多也就是把电话普及率提高到 5%~6%，因此我国通信业务还是以打电话即话音业务为主，对刚刚起步的非话音业务（如传真等），也主要是在金融、铁路、电力、统计、国防等专门的部门或行业中使用。但事实是，我国通信事业的实际发展情况大大超出了任正非的预测。到 2000 年，我国电信产业的固定电话普及率已达到 50%，巨大的需求是其中的主要原因，而技术迅速发展是另一个重要原因。这就注定了 JK1000 在技术方面被远远地甩在了后面。1993 年，华为推出 JK1000 的时候，空分局用交换机已经面临淘汰。这时，因为计算机技术的发展，数字局用交换机出现了，它在功能、性能、成本上都大大优于空分局用交换机。因此，数字局用交换机取代空分局用交换机已不可避免。

另外，还有一个更致命的问题，在我国电信运营商的主战场上，华为面临的是实力远超自己的国外通信巨头，力量相差悬殊。华为销售刚刚过亿，而竞争对手早已是资产上百亿的国际型大企业。这些企业财大气粗，一出手就给了华为致命一击。它们向电信局提出了“通信网建设一步到位”的思路，也就是说，在广大农村，也要开始渐渐采用光缆进行传输，这样，交换机就必须用数字局用交换机，以保证与传输的改造同步，避免重复投资。这些国际型大企业的超前建设观具有非常强的煽动性和影响力，迎合了多数地区特别是发达省份的建设思路。“一步到位”的观点迅速被全国各地接受，各地通信网设备选型的首要标准就是要满足“一步到位”的建设思路，有的地方甚至认为上了数字程控机就是“一步到位”了，于是，数字程控交换机与“一步到位”的思路之间画上了等号。

JK1000 刚推出市场就面临没有市场的尴尬局面。在这个产品上投入了大量人力、财力搞研发的任正非自然是不甘心，在他的带领下，华为技术部、销售部都努力在各种场合为 JK1000 空分局用交换机造势。华为还曾多次组织电信局人员来公司举行技术讨论会，并在自己的内部刊物《华为人》报上发表文章，有针对性地宣传电信网络建设“一步到不了位”“综合到位要量力而行”等思路，其中心思想就是希望国内很多地方还是先上空分局用交换机，等到 2000 年以后，再过渡到数字程控交换机。

努力就有回报。凭借反复、锲而不舍的宣讲，华为通过一些市场关系在 1993 年还是卖出去了 200 多套 JK1000。

然而华为毕竟是第一次开发局用交换机，在很多技术细节上都不成熟，出现了许多问题，其中最严重的就是交换机电源防雷问题，有好几台使用中的 JK1000 在打雷时都起了火，甚至差点把厂房烧掉。这让华为的声誉跌入了低谷。

同时，在大的市场形势下，我国通信行业的发展也与华为的预估大相径庭。到了 1993 年底，“一步到位”的思路取得了完胜，空分局用交换机完全没有了市场，JK1000 被彻底淘汰。

JK1000 的失败，给年轻的华为上了沉重的一课。但是，失败并不可怕，及时对失败进行总结和反思，就会激发出员工更为强大的斗志，从而变得更加强大。在这次惨败中，任正非就收获了无形的宝贵教训。

第一个教训是，知己知彼，方能百战不殆。JK1000 的失败是闭门造车的结果。当时的华为缺乏对竞争对手的了解和研究，特别是缺乏对竞争对手产品和技术的研究，正因为如此，才会对市场做出错误的判断，主观地认为技术不会发展得那么快。惨败之后，任正非认识到了对竞争对手分析的重要性和必要性，于是特意在内部抽出优秀的研发骨干成立了相应的部门，加强了对竞争对手产品信息的收集和分析，竞争对手的产品资料、宣传画册、展会资料等，在此后都成为华为重点学习和研究的对象。不仅如此，在分析和研究竞争对手的同时，华为自身也在不断进行着技术的更新与创新。

第二个教训是，永远要把客户的需求放在第一位。JK1000 的惨败让任正非认识到必须把客户需求放在第一位，而不是靠“拍脑袋”，想当然推出产品，正如任正非的老对手，中兴通讯创始人侯为贵所说：“客户永远是对的，他需要什么，你就应该给他什么，而不是先造出一个产品，然后去寻找可能需要它的客户。”

第三个教训是，产品质量是永恒的话题。依靠后期的努力，JK1000 在中国的偏远农村还是卖出去了 200 多套，然而，由于质量不过关，导致出现很多问题，甚至还引起过几次事故。从 JK1000 之后，任正非强烈意识到了产品质量的重要性。经过研究，任正非发现日本企业在产品品质方面是非常值得学习的榜样，于是他一面请日本质量管理专业人员为华为人进行培训和辅导，一面组织研发部和生产部代表去日本标杆企业参观学习。

不管怎么说，JK1000 的惨败对于当时还很年轻的华为来说，都是一个非常沉重的打击，如果不能从这次打击中迅速站起来，那很可能就会彻底倒在市场大潮中。那么，任正非和华为如何才能从惨败中迅速恢复并崛起呢？

绝地逆袭，陷之死地而后生

时至今日，众多公开资料都认为，华为在通信设备核心技术方面的第一次突破，是 1994 年推出的 2000 门网用大型交换机设备 C&C 08 机。C&C 有两层含义：一是 Country & City（农村 & 城市），表达了华为人从农村走向城市的渴望；二是 Computer & Communication（计算机 & 通信），数字程控交换机就是计算机和通信的组合。至于 08，就是“连发”的意思，是对产品销售的祝福。

C&C 08 机的研发始于 1992 年，紧随 JK1000 之后。尽管为了推广 JK1000，任正非宣传说空分局用交换机可以使用到 2000 年，但他并没有孤注一掷，把希望全部放在 JK1000 上。在开始研发 JK1000 后不久，任正非就开始招兵买马，开发数字程控交换机。说到这儿，还有一个不得不说的故事。甚至可以说，如果没有这个故事中的主人公，华为很可能没有那么快去开发数字程控交换机，JK1000 的惨败给华为带来的损失也就会更加巨大，甚至华为能否成为今日的华为都是一个问题。

话说就在任正非决定把研发和推广的重心都放在 JK1000 上时，华为生产车间一位名叫曹贻安的车间主任开始屡屡向他进言：“模拟交换机技术已经落伍，我们为什么不开发数字交换机呢？”曹贻安的文化程度虽然是小学毕业，但实践水平较高，任正非对于他的建议并没有敷衍，而是耐心解释道：“我们缺钱，搞半程控交换机，成本低、研发速度快。”但曹贻安对这个解释并不满意，而他坚持认为，不搞数字交换机的话，华为会被竞争对手淘汰的。曹贻安的坚持提醒了任正非，把所有家底押到 JK1000 上，无疑是一种愚蠢的赌博。幡然醒悟后，任正非对这位车间主任说，“我给你资金，你自己组织人才，你来牵头研发数字程控交换机。”正是任正非的这个决定，让华为在 JK1000 惨败后没有轰然倒下。而曹贻安这位普通车间工人，也因此从一名车间主任升为开发部副总工程师、数字交换机部的负责人。令人遗憾的是，曹贻安的研发知识还是差了一点，不久他就淡出了数字交换机的研发部门，这也真实反映出华为“能上能下”的管理制度。

言归正传。面对 JK1000 推出市场后的惨淡局面，任正非明智地将研发重心放到了数字程控交换机上，全华为最优秀的人才都被投入到 C&C 08 机上，负责人也不再是临时拉来的曹贻安，而是当时的华为总工程师郑宝用。

郑宝用虽然是南方人，但却有着北方人的豪情，性格豁达，有着极强的跳跃性思维，和他谈话，必须集中全部精神，才能跟上他的思路。

在郑宝用的率领下，华为技术人员开始向新一代数字交换机发起冲刺。但因为人才储备不足，再加上 JK1000 失败导致的人心不稳，最初的研发进展并不顺利。

为了充实研发力量，保证研发工作的顺利开展，华为公司开始在全国的电子科技大学中招兵买马。这些刚毕业的大学生，大多没有什么经验，有的人甚至连通信的基本概念都没有，更别说什么交换机了，可以说完全就是一张白纸。好在那个时代的大学生大多是理想主义者，充满了激情和热情，不懂就刻苦学，大家你追我赶，完全将自己当成了创业者，充分发挥着自己的潜力。他们每人手中都有一本总工程师郑宝用发的程控交换机的国内规范，大家每天都看，视若珍宝。

再说要研发的数字交换机。在经历了 JK1000 的惨败后，任正非深深明白了技术的重要性，指出华为这次研制的数字交换机在技术上一定要向世界看齐，无论是硬件还是软件，都要采用最新、最先进的技术。要求高，难度相应地也就高，因此，整个研发工作进程比较缓慢。其中一个关键的问题是各种元件应该放在电路板的什么位置，那段时间，华为的工程师们经常通宵达旦地讨论，有时甚至会争论得吵起架来。不过，在经过激烈的讨论后，这个问题最终得到了合理的解决。

在研发人员夜以继日工作的同时，华为的销售人员也开始为 C&C 08 机寻找能打响头炮的市场，并最终将目标定在浙江义乌。

因为技术上的难题，原计划于 1993 年 5 月或 6 月推出的 C&C 08 机，并没有如期推向市场，以郑宝用为首的研发人员急得如热锅上的蚂蚁，连一向沉稳的任正非也是焦急万分。C&C 08 机的项目经理毛生江当时说得最多的话就是："再不出去开局，老板要‘杀’了我。"虽是调侃，但也充分体现了任正非当时的焦急心理。

原来，在将义乌定为目标市场后，华为的销售人员就凭借自己的能力，在没有图纸、没有说明书的情况下，很快就为正在研发中的 C&C 08 机找好了第一个客户，就是浙江省义乌市的佛堂镇。按照合同规定，华为第一台 C&C 08 机要在 1993 年 5 月在佛堂镇开局。然而，C&C 08 机并没有如期研发出来，销售人员只能一边不断催促研发部门，一边用尽方法稳住客户。

1993 年 10 月后，在销售人员的一再催促下，任正非决定，将还没有完全测试完成的 C&C 08 机运到义乌，在佛堂镇先开局。毕竟，市场不等人，这个项目已经拖了将近半年，再拖下去，即使最终推出了完美产品，也可能错过市场。与此同时，开发组的大部分人员也都带着开发工具跟着去了义乌，包括总工程师郑宝用。任正非当时也是多次到义乌进行现场指挥，尽最大努力在开局过程中完成所有的测试。但是，正像老话所说的，"心急吃不了热豆腐"。研发本就是一项复杂而细致的工作，需要一步一步地来，不可能跨越式发展。产品未成熟就急着推向市场，自然容易出现问题。直到几年后，华为把义乌局用交换机全部换成了新版本，这些问题才算彻底得到了解决。

虽然有问题,但华为C&C 08交换机毕竟开通了,而且没有大的功能性问题,因此得到了义乌客户的认可。

首战成功后,华为员工们异常兴奋,任正非也难掩激动之情,他向奋战在第一线的员工们发出最诚挚的祝贺,但也没忘“浇冷水”:“交换机的优化工作要持续八年,要不断地接收用户的反馈信息,不断地改进我们的交换机,使它长期居于最先进交换设备的行列。”

C&C 08交换机在使用中虽有问题,但却拥有着当时最先进的技术,无论是在话务统计、话费计费还是附属功能操作上,都能极大程度地满足客户的需求,在义乌开局后,C&C 08交换机受到客户的高度认可,在其他各地市场推出后,也广受欢迎,可以说是打了一个漂亮的翻身仗。

研发万门机,抢占科技制高点

1992—1993年,2000门的交换机开始在国内普遍使用,当时国内许多厂商都认为2000门交换机已经足够用了,就没有再向前迈进,但任正非却把万门交换机列进了计划,并组织了专门的开发班子。

在万门机的自主研发方面,华为并不是做得最早的。早在1991年,38岁的解放军信息工程学院院长邬江兴就主持研制出了HJD04万门数字程控交换机,一举打破了国外关于“中国人造不出大容量程控交换机”的论断。可惜这一研究成果直到1995年才借助巨龙通信公司的成立实现产业化。1992年1月,同处于深圳的中兴通信公司研制出ZX500A农话端局数字交换机产品。随后,深圳长虹通信设备公司也研制出了2000门数字交换机。

华为动心早，但动手晚。因为华为是民营企业，从银行贷款非常困难，当时又正值国家宏观调控，贷款难度更大。华为只能向大企业拆借，利息极高。

在产品开发动员会上，任正非站在五楼的会议室里对全体干部悲壮地说："这次研发如果失败了，我就从楼上跳下去，你们另谋出路。"

万门交换机还是由郑宝用负责。当时，华为许多研发员工和其他厂商的看法一样，认为 2000 门的交换机已经够用，花力气开发万门机，很可能是出力不讨好，不会有太大的市场。为了给大家鼓劲，郑宝用拍着胸脯表示，"你们尽管开发，开发出来，有 10 台，我保证卖出去 10 台。"

之后，郑宝用组织李一男等研发人员考虑万门机的设计方案。李一男是湖南人，1970 年出生，是华中科技大学（当时为华中理工大学）少年班的学生，15 岁就上了大学，23 岁进入华为工作。

李一男身上有一股湖南人的"闯劲"，这让已过不惑之年但仍然坚持创业的任正非十分欣赏。

在加入华为之前，李一男曾在华为实习过一段时间，作为实习生，他被任正非委任主持研究开发一个重要的技术项目。为了这个项目，任正非还力排众议掏钱购买了一套价值 20 万美元的外国设备，这对于当时处在创业阶段的华为来说是一笔不小的开支。尽管后来这个项目遭遇意外搁浅，20 万美元也打了水漂，但任正非并没有责怪李一男半句，这种大度让李一男心存感激，毕业之后他义无反顾地加入了华为。

在研发 C&C 08 2000 门交换机时，李一男表现出色，因此，在万门机项目上，除了郑宝用，他就是最主要的负责人。

相比 C&C 08 2000 门，万门机项目显然要复杂得多，光是设计方案，华为内部就讨论了几个月，但结果却没有讨论出特别可行的方案。

就在研发人员绞尽脑汁的时候，李一男和郑宝用几乎同时想到，能否用光纤把多个模块连接在一起？在此之前，所有的万门交换机都是通过电缆连接的。

电缆对维护技术要求特别高，铺设成本大，不适合远端的中国广大农村市场，而光纤则不存在这方面的问题。不过，说起来容易做起来难，光纤技术在当时并不是很成熟，实际运用得也少，要做就全得靠自己去摸索。在经过深入讨论后，李一男和郑宝用觉得虽然有难度，但并不是不能实现，于是建议开发组使用光纤作为交换机的连接材料。

之后，李一男在经过进一步研究后，又提出具体采用准 SDH 技术。准 SDH 技术是当时世界上一种相对比较成熟的光纤传输技术，后来的事实表明，华为公司当时采用准 SDH 技术是一项创举，领跑了整个国内数字交换机市场的方向和潮流。

万门机的研发方案一经确定，任正非立即让郑宝用成立万门机项目组。项目经理是李一男，李一男又招了刘平和余厚林两位大将，让前者担任软件项目经理，后者担任硬件项目经理。项目组主要成员有：洪天峰、周元、李海波、陈辉、伍能鹏、黄耀旭、朱天文、张裕、李建国。

为了尽快做出成果，项目组成员在李一男的带领下，开始了没日没夜的工作，当时，他们几乎 24 小时都待在机房里搞研发。

1994 年夏，万门机的开发进入最后联调阶段，研发人员各个绷紧了弦，不敢有一丝疏漏。在这种最紧张的时期，碰巧美国世界杯开始了。20 世纪 90 年代是足球的黄金岁月，国内的大学生们，尤其是男生，基本上都是足球迷，刚从校门走出不久的华为研发人员也不例外，虽然知道工作是第一位的，但也不想错过看世界杯。于是，软件项目经理刘平就向李一男建议，“我们项目组每天加班到凌晨两三点，然后看一场世界杯的转播，第二天睡到中午再上班，绝对不影响工作进程，而且保证人人都更有干劲。”李一男也是刚从大学毕业不久，当然理解同事们的心情，便同意了这个建议。就这样，精彩的世界杯转播看了个够，而万门机的开发进度不仅没有落下，反而有所加快，这或许是那些叱咤绿茵赛场的球星们激发了研发人员的斗志吧。

1994 年 7 月，在经过一年多目标明确、竭尽全力的研发后，C&C 08 万门交换机的样机终于被做了出来。得知消息后，任正非大喜过望，迅速赶到机房，看着样机，兴奋地说：“我要给你们庆功！”

但事实上，这还不是庆功的时候，东西虽然研发出来了，但还得通过具体的试验。C&C 08 万门机的第一个试验局选在江苏邳州。值得一提的是，这也是华为交换机第一次进城，安装在县级电信机房中。

之前，邳州电信局曾经采购过一批上海贝尔的 S1240 交换机，但因为经济发展迅速，需求越来越大，这种交换机的容量很快就不够了。扩大容量时，他们当然想再买上海贝尔的交换机，可负责人去订货时，却被告知交换机订货已经排到了第二年。华为华东地区的负责人得知这一消息后，立马通知了任正非。机会难得，任正非当即给出指示，一定要拿下这一单，为此不惜一切代价。华东地区负责人带着任正非的指示，领着手下的几名得力干将，前往邳州，费尽心思去游说客户，将华为与上海贝尔两家交换机的性能、价格等一一比对，最终说服对方同意一试。

华为的万门交换机就这样被搬到了邳州电信局的机房，测试开局。然而，刚开始调试时，就碰到了一个大问题，和徐州的上级电信局联不上，打不了长途电话。华为研发人员一开始怀疑是中继板有问题，可换了新的中继板，还是不管用。接着又怀疑是中继线出了问题，派人去买了新的，还是不行。一个多星期的时间过去了，问题依然没有得到解决。大家都有点绝望了。要知道，这次开局对华为来说有决定性意义，如果失败，之前两年的研发都将成为无用功，带来的灾难也将是华为无法承受的。所以，心力交瘁的李一男当时才会对刘平说：“我可能干不下去了，以后你接着干。”然而，“天无绝人之路”，一个偶然的机会，让硬件项目负责人余厚林发现了问题出在哪里，原来是交换机地线没有接好。把地线接好后问题迎刃而解，长途电话终于能打了！

可能是好事多磨，硬件问题解决了，软件又出了问题。因为邳州电信局着急使用，在交换机刚能打通电话，还没有详细测试的时候，就开始正式上线了，结果导致万门机程序运行出现问题。为此，华为研发人员只好白天睡觉，在凌晨没多少人打电话的时候再调试程序，解决问题。当时，软件最大的问题是，万门机有时会忘记释放时隙。这个问题在模拟调试的时候并没有出现，但在真实的环境中出现了。这个问题如果累积下去，交换机的所有时隙就会被用完，整个交换机就等于瘫痪了。如何解决呢？徐平提出了一个临时解决方案，在软件中设置了每天夜里 2：00 软件重启功能，也就是当时华为研发人员戏称的"半夜鸡叫"。假如有用户这时正在打电话，就会突然断线，或者根本打不出去。除这个时间点外，万门机都能正常运行。这当然是一个临时方案，但在当时电话还没有频繁使用的时期，倒是暂时解决了软件的问题。"半夜鸡叫"前后维持了有大半年的时间，后来软件版本经过多次升级后，这个问题才得以解决。

李一男所带领的研发团队是 1994 年 8 月到邳州的，大家原本以为不会待太久，应该很快能回深圳过国庆节。没想到，等调试完毕时，已经到了 10 月中旬。在最后验收时，任正非、郑宝用专程赶到邳州，在研发人员的住处，任正非难掩激动的心情，信誓旦旦地说："我们以后要把上海贝尔远远地甩在后面，要追上 AT&T 和阿尔卡特！"大家听完哄然大笑，完全当作一个笑话。"老板真能吹"，这是不少人当时的想法。的确，AT&T 和阿尔卡特是当时的国际电信巨头，即使上海贝尔的量级也远非当时的华为可比。但正所谓"有志者事竟成"，如今华为的发展充分证明了任正非当年的高瞻远瞩。

在邳州成功开局后，1994 年 11 月，首届中国国际电信设备展在北京举行，华为展示的国产万门交换机惊艳亮相，展示了能够与国际巨头一拼高下的实力，引起了业界的强烈反响。

自此，华为名震业界，开始进入狂飙突进的发展阶段。

第 4 章

狡悍如狼，杀出一条血路

市场没有时间等待我们成长，它不是母亲，没有耐心也没有仁慈。

市场不相信眼泪，只相信强者。华为要活下去，就必须杀出一条血路。

企业发展就是要发展一批狼。狼有三大特性：一是敏锐的嗅觉；二是不屈不挠、奋不顾身的进攻精神；三是群体奋斗的意识。

“农村包围城市”，一点一点夺回国内市场

任正非熟读毛泽东著作，在部队期间就是“学毛选标兵”。创业后，一有空暇时间，他就研究毛泽东理论，并将其渗透到华为的市场攻略、竞争策略、客户政策以及内部管理与运作中。

纵观华为的发展史，毛泽东思想的智慧烙印极为明显，其中典型的例子就是华为在发展初期对“农村包围城市”这一战略的运用。

1992 年，虽然华为自主研发出了程控交换机及相关设备，但是，当时国内的通信市场被牢牢地把控在阿尔卡特、朗讯、北电网络等国外巨头手中，华为很难有立足之地。华为交换机虽然是自主研发产品，而且在价格上有优势，但在知名度和资金实力方面与国外巨头相差太大。在此形势之下，任正非提出了“农村包围城市”这一战略。在他看来，以农村为突破口有两个特别明显的好处 :第一，小县城和农村发展通信设备行业的门槛低，承受的风险小 ;第二，对于产品的技术和质量，农村市场要求不高，而且不是很关注品牌，更加注重的是产品的实用性，这与华为当时的定位不谋而合。

其实，当时的国内通信企业中，并不是只有华为这么做，其他同行也都选

择了这么一条道路,这也是由当时的现实环境和通信行业本身的特性所决定的，华为只是走在了众多同行的前面。众所周知,通信设备对售后服务的要求很高，售后要花费大量的人力、物力。而且，这个市场的周期较长，一旦电信运营商选择了哪家设备商作为合作伙伴，就会在很长时间内保持这种合作关系，由设备商为其提供设备的安装、维护和更新等一系列服务。国外电信巨头中，许多都是百年企业，它们的产品性能先进、质量可靠，在需求更旺盛、发育更成熟的城市市场，自然是优势巨大的，因此国内设备商只有去开发那些国外巨头无暇顾及、需求零散、维护困难的农村市场。另外，因为农村市场购买力有限，即使国外巨头有心涉猎，在价格上也做不到和国内厂商一样便宜，因此，国外巨头基本放弃了广大农村市场。

尽管国外同行看不上，但是农村市场地域广袤、潜力巨大，仍然有很大的市场空间。尤其是对于发展初期的华为来说，农村市场足以为其提供一个由弱变强的平台。多年后，任正非在回忆这段历程时，仍然满怀感恩，他说："市场需求竟如此巨大，以致质量好、水平高的国际厂家的产品，全力生产也不能满足基本供应，大量农村及中小企业需求的机会窗，开放给了我们。""我们至今仍深深感谢那些宽容我们的幼稚，接受我们的缺陷，使我们能从一个幼儿成长到今天的人们。"

1992 年，在制定了"农村包围城市"的市场路线后，华为开始研发并推出农村数字交换解决方案，并很快培养起一支精良的营销队伍。当时，华为在国内每一个省、直辖市和自治区都建立了省级市场办事处和工程服务体系；在每一个地区、市、县都设立了客户经理，他们几乎覆盖了中国各运营商的所有相关部门，像计划部门、运营维护部门、总工办和项目建设等相关科室，随时可以看到华为市场或技术人员的身影。

华为"农村包围城市"营销战略的精髓是：抢在电信巨头和潜在对手之前深入广大农村市场，扎根县级邮电局，与邮电职工同吃、同住、同劳动，等发展壮大以后再寻求突破城市市场。

1993 年，凭借各类农村用程控交换机，华为的销售收入取得了 4.1 亿元的佳绩。

随着 C&C 08 程控交换机在 1995 年大规模商用，华为成为中国农村通信市场主流设备供应商，员工达到 1800 人，年销售收入 15 亿元，在中国电子百强企业中位列第 26 位。1998 年，华为的销售收入较 1995 年增长了近 6 倍，达到 89 亿元，初步实现了“农村包围城市、最终夺取城市”的战略目标——华为的核心产品已经开始进入中国所有发达省份和主要城市。

成功占领农村市场对于当时处于激烈竞争中的华为人来说，无疑是一个非常大的激励。不仅如此，对于未来的华为来说，农村市场巨大的差异化需求还给华为带来一种更大的财富，就是发展出了一种“以客户需求为中心”的文化导向。

事实上，华为研发的交换机对于农村市场最大的优势并不是技术上的，而是可靠性高、适应力强、易维护等方面的服务优势。对此，任正非曾在华为内刊《华为人》上专门论述了中国农村通信网的几大特征：“其一是发展不平衡，传输手段复杂多样，交换设备层次多，接口复杂；其二是标准、非标准并存，网络复杂，计费方式多样；其三是话音通信为主，兼容数字业务；其四是维护力量有限，对交换机的防护要求高；其五是环境差，供电系统要求高。这其实说明，在农村市场重点发展一家大型通信设备公司的产品有助于终结上述现状，而更加理解中国市场的国内企业显然具有更大的优势。”

很明显，任正非对农村市场有着极为深刻的认识。C&C 08 的开发就充分考虑到了农村市场的上述特征，对其有着专门的设计。北京房山邮电局的一位副局长在 C&C 08 的研讨会上说：“C&C 08 特别适合北京地区县局。一是防雷好，二是用电省。其他厂家的设备用电比较大，作为 2000 门电话局还需要交流柜、变压器及整流器等，而华为设备在这方面就省了不少投资。三是处理能力特别强，解决了 2000~6000 门电话局话务量的阻塞问题。四是接口丰富，将来扩展时，软硬件无须花钱或花钱不多。”

不只是在产品开发上考虑到客户的真实需求，在服务上，华为也十分积极。例如，国外巨头一般只在省会大城市设立服务点，而在交通偏远的农村地区，设备一旦出现了故障，往往很难得到及时维修；同时，国外巨头的产品虽然质量好，但价格高，服务态度差，这也在很大程度上造成了中国客户对它们的不满。与国外巨头根深蒂固的刻板乃至傲慢相比，华为的客户服务就显得更加灵活而且更具亲和力，其中最为突出的一个特点就是随叫随到，积极主动，服务无处不在。例如，客户家里装修房子，华为人会立刻穿上工作服到客户家里帮忙；当客户为找不到性价比高的辅导老师来提升孩子成绩而发愁时，华为员工会承担下来，利用节假日到客户家里当家教；如果客户为考技术职称而发愁，华为会指派专人负责客户考前、考时和考后的服务，确保客户一次通过。渐渐地，客户单位的技术培训也请华为人主讲，客户的技术改造方案、采购计划也请华为人参与制定，后来客户已经离不开华为这个好帮手了。

“农村包围城市”战略给华为带来的影响是巨大的，除了以上提到的几点，华为后来在海外市场的开拓，采用的也是这一战略。

总之，农村市场虽然回报率低，但竞争不大，华为因此迅速发展起来，积累了可观的资本，并为日后的发展壮大积累了丰富的经验。随着资金和技术实力的不断增强，华为发动“城市战”的资金和技术积累逐渐完成，开拓城市市场就成了水到渠成的事情。

后发制人，赶超上海贝尔

一直以来，无论是国内市场还是国外市场，在各个发展阶段以及各个产品市场，华为都有明确的竞争对手，并在清醒认识自身所处竞争地位的基础上，制定了相应的竞争策略。

在交换机市场站稳脚跟后，华为为自己树立的第一个对手就是上海贝尔。

上海贝尔成立于1984年，由邮电部与比利时贝尔公司联合组建，是一家中外合资企业。公司成立最初的几年，国内通信市场基本被“七国八制”垄断，上海贝尔的发展并不算太好，1987年还亏损了将近2000万美元，直到1989年才开始实现盈利。

20世纪90年代初，中国通信市场开始进入鼎盛期，因为“七国八制”的产品极为混乱而且价格普遍偏高，上海贝尔在市场上迅速火爆起来，最火爆的时候，全国各地的电信局长们要到上海贝尔总部排队购买交换机，有很多订单甚至排到了第二年。市场的火爆导致上海贝尔实现了跨越式发展，仅仅用了三年时间，就占据了中国交换机市场50%的份额。原上海贝尔公司的某副总回忆说：“当时上海贝尔的销售主管根本不用跑业务，坐在家里，就有人求上门来签合同，而且是络绎不绝。1994年，在上海贝尔所有价值4亿美元的合同上，签的名字都是销售主管一个人的。”

前文讲过，华为曾借着上海贝尔无法快速交货的机会，将自己的C&C 08万门交换机卖给了邳州电信局。在华为看来，这算是对上海贝尔的一场小小狙击，可根本不愁订单的上海贝尔完全未将当时的华为放在眼里，失去一单在他们看来也是一件小事。然而，当时或许没有人会想到，就是这家“小小的”公司，在完成了资金和技术的积累后，就已经开始精心准备，要对上海贝尔打一场赶超之战。

虽然任正非雄心满满，发誓要“三分天下”，华为内部也是上下一气，但是华为进入交换机市场的时间毕竟晚于上海贝尔，而且开发的交换机也存在不少缺陷，即使是华为引以为豪的 C&C 08 机也不例外。反观上海贝尔，其代表机型 S1240 早已在市场上建立了牢不可破的地位。因此，在很长一段时间内，华为始终无法直接在交换机市场战胜上海贝尔。于是,华为采取了“避实就虚”的免费策略，而且选的切入市场也是东北、西北、西南的落后省市。

以四川市场为例。1998 年，上海贝尔在四川省的固话市场占有率高达 90%。华为入川后，先搞的不是销售，而是直接主动将自己的接入网免费送给客户使用，借此成功在四川各地布了点，而上海贝尔却忽略了华为的这个小动作。紧接着，华为又将各网点成功连成了面，在市场上取得突破性进展后，华为又伺机将接入网的优势延伸到自家的交换机，短短一年时间，就成为四川交换机市场的主流企业。此后，在全国其他市场，华为也照搬这个模式很快就在全国市场上达到了与上海贝尔并驾齐驱的状态。

华为的竞争招数可谓老辣，其效果也十分明显。上海贝尔在此后暴露出诸多危机，如营销危机、文化危机、人才危机、管理危机，在很大程度上都与华为的凌厉进攻有着直接联系。

1998 年，华为以 89 亿元的销售额排名电子百强第 10 名，首次超过上海贝尔，更是大大激发了华为的信心和野心。1999 年，华为以 102 亿元的销售额再次名列第 10 位，巩固了对上海贝尔的领先地位。电子百强的排名表明，华为的领先位置已经相对稳固。

1999 年后，以“宽带城域网”为旗帜，华为开始大举进军数据通信市场。

华为将自己的身份定位为“宽带城域网的倡导者”，以此引起运营商的重视，促进双方的紧密合作，并取得了显著效果，从而在这个市场基本将上海贝尔拒之于门外。

面对华为的步步紧逼，当时上海贝尔的一位员工曾经写了一篇《华为进攻》的文章，记载了有一次他参加“宽带城域网”展会的难忘经历。

走出北京国际展览中心 1 号厅，我只向对面一幅迎风抖动的巨大广告望了一眼，视线便再也不能移开。胸口如遭重击，生生作痛。

那幅广告分明写着17个大字 :“关注客户需求，华为客户化网络解决方案”。

我在从事市场研究期间，和销售前线的许多同事在谈及华为时，都对华为网络方案中所体现的用户为导向的思想非常关注。在参与网络规划部工作后，更加意识到针对具体的用户需求提供网络设计方案的重要性。

然而，当我们仅仅还是“意识到”的时候，华为已经在这次展会上开始大张旗鼓地宣称“客户化网络解决方案”了！而参观华为的展台，华为相对于上海贝尔的技术、营销优势，更加毋庸置疑。

我认为，以华为在展会上倾力鼓吹的“宽带城域网”概念为代表，标志着华为在通信业的发展，已经成功地实现了“两个转移”和“两个转化”。“两个转移”——实现了从农村到城市的战略大转移，实现了从传统电话到多媒体通信的市场大转移。“两个转化”——实现了从技术优势向市场优势的能力转化，实现了从市场挑战者向市场领先者的角色转化。

短短四年里，华为就完成了从紧跟上海贝尔，到与上海贝尔势均力敌，再到全面超越上海贝尔的过程。华为明显是在一个深谋远虑的、动态灵活的发展战略指导下昂首进步的，它已经超越了上海贝尔，成为中国通信制造业新的领袖！对于这一巨变，我们再也不能熟视无睹、漠然对之了。

事实再明白不过，华为的营销观念已经大大领先于上海贝尔 ；我们要做的也再清楚不过了，该是果断抛弃幻想，放下架子，向华为认真学习的时候了！

对于“宽带城域网”，华为的确极为重视，有一个事例可以佐证。就是在这次展会上，有一位华为员工给上文作者提供了一些“宽带城域网”的资料后，向对方索要名片。看完名片，得知他是老对手上海贝尔的员工，情急之下，竟想从对方手中夺回资料。这固然显得有点小家子气，但也充分显示出华为从上到下对该项目的重视，以及对竞争对手的高度警惕。

相反，上海贝尔不仅对于“宽带城域网”缺乏重视，而且在这方面也完全不是华为的对手。甚至对于华为这个对手，都缺乏强烈的竞争意识和进取意识，这也是华为能将其赶超的一个重要原因。

2002 年，上海贝尔的外资方贝尔被通信巨头阿尔卡特收购，但名字没有变，还是上海贝尔。后来，阿尔卡特又以 50%+1 股的方式收购上海贝尔，上海贝尔自此变成了上海贝尔阿尔卡特。然而，不管名字怎样变换，华为都已经远远地把这个老对手甩在了身后。

渐次发力，击退北电网络、朗讯

北电网络是加拿大著名通信设备制造商，曾是光网络、GSM、CDMA、企业通信平台等领域的世界领先供应商。

20 世纪末，因为互联网技术的兴起，全球产生一轮互联网热潮。当时的北电网络非常具有战略眼光，1998 年，它以 91 亿美元的巨资收购美国港湾网络公司，随后将公司名字由北方电信改为了北电网络，完成传统电信公司向基于IP协议的互联网络为核心的全新网络通信公司的转变。在随后的互联网泡沫中，北电网络凭借所掌握的10G容量光纤技术脱颖而出，订单如雪花般飞来，企业进入了高速发展期。

华为与北电网络的交锋早在1997年就已经展开。从产品上来讲，相比北电网络，当时的华为没有明显的优势，不过，任正非明察秋毫，通过对对手的认真研究发现，北电网络的技术研发团队全都在国外，设备也都全部是从国外进口，万一设备出现问题需要技术支持时，技术人员很难及时赶到，这样的话，在服务上就要大打折扣。

抓住北电网络在服务上的劣势，华为针锋相对，建立了灵活快捷的客户服务机制。客户一旦有什么紧急需求，华为技术人员就会在最短的时间内赶至客户身边，为客户解决问题。这样，通过提供优质的售后服务，华为使自身的竞争力又上了一个台阶，也渐渐抢走了北电网络不少的市场份额。

财大气粗的北电网络当然不会对华为的攻击置之不理，在服务战上吃了败仗之后，也积极备战，准备发起新一轮的竞争。2006年，迈克·扎菲尔洛夫斯基开始担任北电网络CEO，在北电网络的全球布局上，他对中国市场更加重视，相继在北京、广州增加了研发中心，并在上海建立运营中心，扬言要在4G领域发力。

但是，由于技术与市场结合得不够好等原因，北电网络最终走向了没落，华为则趁势追击。2008年12月，华为与爱立信等企业竞购北电网络的以太网业务。虽然出于种种原因，这次竞购最终没有成功，但在大约一个月后，北电网络宣布进入破产保护程序，并开始将旗下业务陆续出售。

2009年6月，诺基亚西门子通信（以下简称“诺西”）发布公告，宣布将收购北电网络的LTE和CDMA业务部门。这是北电网络进入破产保护程序后的第一笔收购交易，北电网络将通过这笔交易获得6.5亿美元的现金，为摆脱破产保护提供可能。而交易的另一方诺西，则得到了全球排名第二的CDMA

客户群，并在北美、亚洲等市场战略要地得到了更好的发展机会。至此，北电网络基本退出电信设备行业。

北电网络的退出虽然主要是其自身原因所导致的，但在与华为的市场竞争中落败，也是重要因素。

相比北电网络，华为的另一个对手朗讯，则要更加强大。

说到朗讯，就不得不提 AT&T（American Telephone & Telegraph Company），其中文译名是“美国电话电报公司”，是当今世界 500 强之一。

AT&T 的前身是 1877 年创立的贝尔电话公司（以下简称贝尔公司）。1895 年，贝尔电话公司决定将“全美范围内的长途业务”分割出来，成立一家独立的公司，起名叫作“AT&T”。AT&T 发展迅猛，1899 年，又把其前身贝尔电话公司整合进来，于是 AT&T 便成了贝尔公司的母公司。

1925 年，AT&T 收购了西方电子公司的研究部门，并成立了一个叫作“贝尔电话实验室公司”（以下简称贝尔实验室）的独立实体，在建立之初，贝尔实验室便致力于数学、物理学、材料科学、计算机编程、电信技术等各方面的研究。

经过百年发展，通过不断地兼并收购，到 1983 年时已经拥有 1600 亿美元的资产，员工达到了 100 万人，占有美国电话市场 80% 的份额，是名副其实的垄断巨头。

然而，1984 年，美国司法部依据《反托拉斯法》对如日中天的 AT&T 进行拆分，形成了新的 AT&T 公司及七个本地电话公司，贝尔实验室也因此缩减，只留下了核心团队，主要负责为各个拆分后的公司提供研究开发服务。

1995—1996 年，AT&T 公司又被进行了一轮拆分，贝尔实验室和设备制造部门脱离出来形成了一家新的公司，即朗讯科技，而 AT&T 则只保留了通信服务业务。

1996 年初，朗讯在青岛建立了一个辐射中国和亚太地区的程控交换机生产基地。作为老牌通信巨头，朗讯不仅拥有全球通信领域一系列顶尖的核心技术，而且因为其设备进入中国市场较早，有着极为深厚的客户关系和广阔的市场，因此是华为最为强劲的竞争对手，两者之间的交锋自然在所难免。

几乎就在青岛朗讯建立的同时，华为也在济南、烟台、青岛这三个山东主要城市设立了办事处，并制定了一系列针锋相对的营销方案，与朗讯展开了激烈的竞争。例如，在价格方面，朗讯的程控交换机价格一般为 300 美元 / 线，而华为的报价基本上都是朗讯的 1/3，这让还不习惯价格战的朗讯头痛不已。

在惨烈的市场竞争中，因为价格和服务上的优势，本来处于落后位置的华为很快就与朗讯形成了齐头并进之势。然而，齐头并进并不是华为的最终目标。

2000 年，中国银行总行要建立全国性的呼叫中心，并选择在上海分行做试点。该项目的总承包商是 IBM，IBM 与朗讯有着多年良好的合作关系。在外人看来，中标者非朗讯莫属。

但华为对此也是志在必得，在了解了面临的难题后，任正非认为，华为要想在这次竞争中胜出，必须首先从技术、市场和客户关系方面说服客户。为了赢得该项目，以任正非为首的华为高层进行了周密的策划，明确了从哪个点突破，重点打击对手的哪些方面。然后，任正非派出精干力量分别奔赴北京、上海，进行公关活动。这中间的很多细节没有具体的记载。只有一名曾经参与了此次行动的华为人这样总结道："我们找了中国银行总行的行长，做了一些工作，但是，这些工作都是可以拿到'桌面上'的。尽管难度很大，但是，我们最终还是把总行攻下来了。"搞定了客户，其余工作的进展自然就顺利多了。最终，出于种种原因，中国银行同时采购了朗讯和华为两家的设备。不过，朗讯设备在使用了两个多月后就被放弃了，然后全部换成了华为的设备。

在市场竞争中，任正非从不敢掉以轻心，尤其是面对朗讯这样的强大对手。所以，尽管多次获得胜利，华为还是步步紧逼，不放过任何一个能够打击对手的机会，这使朗讯在中国市场上节节败退。

2006年4月，朗讯与法国阿尔卡特公司合并，即阿尔卡特朗讯公司。2015年，诺基亚收购阿尔卡特朗讯，至此，朗讯公司彻底成为历史，这也意味着，在与朗讯的竞争中，华为笑到了最后。

收购港湾，一场“父与子”之间的战争

2000 年 8 月 15 日，华为正式出台了关于内部创业的“管理规定”。根据规定，凡是在公司工作满两年以上的员工，都可以申请离职创业，成为华为的代理商。公司为创业员工提供优惠的扶持政策，除了给予员工相当于所持股票价值 70% 的华为设备，还有半年的保护扶持期，如果员工在半年之内创业失败，还可以回公司重新安排工作。

这个管理规定的主要目的是想通过扶持员工创业的方式来培养自己的首批核心经销商。然而，事实证明，这只是华为一厢情愿的败笔，给其自身带来了极大的威胁，而其中最令任正非头痛的就是这批创业者和创业企业中的佼佼者——李一男和他的港湾网络。

在华为时，李一男是当之无愧的传奇人物。从 21 岁进入华为的那天起，他就受到了任正非的特别青睐，两人的关系一度到了近似于师徒甚至父子的关系。李一男在华为的升迁也可谓是平步青云：两天时间升任工程师，半个月升任主任工程师，半年升任中央研究部副总经理，两年后被提拔为华为公司总工程师与中央研究部总裁，27 岁就当上了华为公司的副总裁。

任正非对李一男信任有加，李一男在华为也是功勋卓著。在内部创业政策的激励下，正值而立之年的李一男，并不满足于在华为的现状，想走出华为干

一番事业。李一男选择离开，对任正非的打击非常大，可他完全理解年轻人的想法并极力支持。在李一男去北京创业之际，任正非还在深圳五洲宾馆设下豪华的送别宴，华为所有“总监级”以上高层全部为李一男“壮行”。这对一向低调的任正非来说，是极为少见的事情。

到北京之后，李一男迅速组建了港湾网络公司（以下简称港湾），准备放手大干一场。

港湾成立之前，在国内通信业务市场曾有一家网络公司名噪一时，它的名字叫“Bay”，翻译成中文就是“港湾”，这家公司于 1998 年被华为的对手北电网络收购。2000 年，Bay 在中国通信界还有不小的名气，为自己的公司起名为“港湾”，李一男或许有借势的意思。然而多年后，有业界人士开玩笑地说，套用一家逝去公司的名字，而且是被华为手下败将的北电网络收购的公司，或许早就注定了港湾的结局。

创立之初，港湾将自己的业务领域聚焦于数据通信，相比当时电信市场的白热化竞争，这一领域空间比较宽广。华为当时在数据通信领域主打的是企业网产品，因为属于内部创业，港湾自然成为华为企业网产品的高级分销商，并出现在 2001 年 2 月华为举办的数据产品渠道会议上，当时，双方还是愉快的合作关系。

港湾初期发展势头良好，通过销售华为设备和自己的产品，成立第一年就获得了近两亿元的收入。到了 2003 年，收入则直接翻了近 3 倍。

技术出身，又在华为多年熏陶下养成了敢想敢拼的作风，李一男并不满足于代理通信设备，很快他就将目光瞄准了新的市场——光通信，并开始研发销售自己的产品。李一男的此举被看作是对华为的公开挑衅，因为在那几年，光通信一直都是华为的核心业务，港湾将触手伸向光通信，免不了会触及华为的利益。开始的时候，两家只是偶有摩擦，随着业务的发展，最后竟然发展到了互抢客户的地步。华为与港湾所处的特殊市场环境、任李二人的特殊地位及恩怨，使这两家公司最终进入全面对抗、捉对厮杀的竞技场。

这种竞争给华为带来了极为消极的影响。当时，离开华为创业的员工达到了 3000 多名，激励创业方案的施行不仅没有达到预期的目的，反而大大削弱了华为的资本实力，港湾在管理和研发上直接复制华为模式也给华为带来了极大的负面效应。

迫于紧迫的市场压力，华为加大了竞争的力度。曾有华为员工回忆，在山东一家国际中学局域网项目上，港湾报价 60 万元，华为听到消息后，插进来，报出了 20 万元的超低价。结果，承包方自然选择了实力更强、价格更低的华为。

面对华为的厮杀，港湾高速增长的势头骤然止步，2004 年，销售开始出现回缩。

雪上加霜的是，港湾在市场上与华为对抗的同时，在资本领域也频频受阻。2004 年，港湾计划到纳斯达克上市，开始进展得顺风顺水。但没多久，一封内容详细的举报信就被送到了纳斯达克上市审核委员会，信中举报港湾的财务报告有做假的嫌疑。随后，港湾不断接受监管机构的调查，上市计划被一再延误。

2005 年 9 月，港湾酝酿与西门子合作，此举一来是为增强自己的实力，二来是为成功上市增加砝码。

西门子曾是思科在欧洲最大的产品代理商。一旦西门子和港湾网络达成合作或者实现收购，将极有可能使华为失去扩大欧洲战场的好机会。港湾网络在数据通信方面拥有领先的技术和产品，有更加低廉的价格，而且熟悉华为的风格、市场手法和技术实力。如果港湾与西门子全方位地结合，必将迅速成为华为的心腹之患，这是华为不愿看到的。

故此，就在双方将要签字之时，华为向港湾、港湾的重要客户和合作伙伴发出律师函，称港湾涉嫌侵犯华为的知识产权。港湾方面对此做出激烈反应，认为："华为起诉港湾网络的目的并不仅限于知识产权纠纷。由于港湾网络正准备上市，公司处于不能对外宣布任何财务和有关知识产权纠纷的静默期。华为选在此时打击港湾网络，是非常狡猾的行为。”华为则声称：“华为只是选择认为恰当的时间发出律师函。华为是个单纯的公司，没有那么复杂的理由。”

不仅如此，2005年10月，华为还以1000万元的代价挖走了港湾深圳研究所的语音小组，让港湾最赚钱的VOIP业务全军覆没，而这个业务恰恰是西门子最看重的。

至此，港湾与西门子的合作计划彻底落空。

在市场上遭到强力竞争，上市计划泡汤，与西门子的合作也落空，港湾的发展形势此后急转直下。2006年6月，眼看回天无望，李一男最终选择了认输——同意华为并购港湾的核心资产。至此，华为与港湾之间多年的竞争宣告结束。

与港湾之间的“父子之战”，如任正非所说，华为“残胜如败”，但回过头来看，正是因为经历了激烈的竞争，华为当时的数据业务合资公司华三才获得了快速发展，华为也进一步明确了企业网业务的发展方向。与港湾竞争的那几年，事实上也是华为大发展的几年，到收购港湾时，华为的销售额首次突破了百亿美元。

同室操戈，华为与中兴的激战史

中兴与华为，是中国电信设备行业中为数不多的、真正全球化的企业，是所有中国企业学习的榜样，有人把他们称为“中华双子座”，因为都根植于深圳，而且成长的路径和业务相似，它们也被人称为“同城兄弟”。

通信界素有“华为是狼，中兴为牛”的说法。狼吃肉，牛吃草，看似不相冲突。但是从首次交锋以来，双方狼牙对牛角、针尖对麦芒，激烈混战了近 20 年，两家企业在竞争中经常擦枪走火，闹上法庭对簿公堂的情况也时有发生。

讲华为，中兴是一家绕不开的企业。同样，讲任正非，侯为贵也是一个绕不开的人。

任正非与侯为贵分别执掌中国最大的两家通信企业，做事方式却大相径庭。任正非是军人出身，信奉“狼性文化”，做事雷厉风行，敢于冒险。侯为贵是知识分子出身，信奉“老牛精神”，做事讲究平衡、稳健。

1942 年，侯为贵出生于西安，大学毕业后当了一名中专老师。后来，学校改为航天部 691 厂，侯为贵也从老师变成技术员，历任技术科长、技术副总。1985 年，侯为贵说服领导，以技术引进为由，前往深圳创办了中兴。中兴最初是从电子表、电子琴的加工业务做起来的，因为有技术优势，第一年就赚了 35 万元。1986 年，侯为贵用赚来的钱成立了研发小组，专攻交换机领域，最终研发出国内第一台具有自主知识产权的数字程控交换机，就此进入通信领域并一发不可收拾。

最初的时候，因为主要是面对外敌——“七国八制”，华为与中兴之间并没有什么摩擦，据说，当时侯为贵与任正非的关系还不错，称得上是英雄相惜，曾多次私下探讨民族通信业如何冲破外敌的封锁。

然而，正所谓“天下大事分久必合，合久必分”，在夺回被国外巨头垄断的“半壁江山”后，华为与中兴为了扩大各自的市场份额，不可避免地走向了对立面，开始“同室操戈”。

1995 年开始，中兴决定突破原有产品结构上的单一性，向交换、传输、接入、视讯、电源、移动、光通信等多元化领域扩展。与此同时，任正非也在同一年为华为制订了发展计划，在产品结构上与中兴不谋而合。同行是冤家，两家企业之间由此开始持续的惨烈竞争。

1995 年以后，双方就开始了紧锣密鼓的备战。军人出身的任正非，组建了一批攻击性极强的销售团队，各地出击，抢占市场；侯为贵则使出价格利器，用低价俘获人心。

是保持各自为战的形势，还是率先发难？任正非经过分析后认为，同中兴相比，华为无论是市场占有率、销售渠道还是销售规模，都占据一定优势，1996 年华为销售额为 26 亿元，而中兴只有 6.8 亿元，因此，主动出击的话，华为的胜算很大。于是，任正非便决定给中兴一个下马威，令对方措手不及。

任正非选择的第一个战场是清华大学校园，第一场上演的是人才争夺战。

1998 年 10 月中旬，中兴通讯到清华大学招募应届毕业生。当时，清华校方担心太早举行招聘会可能会干扰学生的学习，因此只允许中兴在清华研究生院举行一个简单的“见面会”，并告诉中兴负责人，11 月才能开始招聘，无奈之下，中兴只好空手而归。

得知消息的华为，于 10 月 27 日这天就提前进了清华园。在多方沟通下，10 月 31 日，华为正式举行了招聘会。华为招聘代表在会上表示，选中的学生可以在 11 月 1 日—7 日，进行初试、复试，于 11 月 8 日签约。

11 月 1 日，中兴的招聘人员再次来到清华，才发现华为已经抢先一步，中兴自然不甘心就这样被截胡，于是立即增派人手，深入学生宿舍进行宣传。

11 月 2 日，中兴紧急召开招聘会，宣布：3 日初试、4 日复试、5 日签约，结果，当场有 40 多人签约。

但是，11 月 7 日，已经与中兴签约的 40 多人中，大多数却出现在了华为公布的录用名单上。华为与中兴之前虽偶有摩擦，却多是各退一步，并没有撕破脸面，可这一次，随着华为的率先发难，双方终于开始了直接交锋。

在这次人才争夺战中，华为负责人认为，有些学生虽然此前已经与中兴通讯签署协议，但这些协议并没有盖公章，没有法律效力，所以，学生有权利重新选择。中兴负责人则态度强硬地表示：“如果与我们签署的协议没有法律效力，那我们明年就不再来招聘了。”两家公司在学校里你来我往，展开了一番激烈的论辩。最终结果是，先前与中兴签约的学生中有七八个选择了华为。

清华人才争夺战以华为小胜结束，却从此拉开了两家企业之间激烈竞争的序幕。

1998 年底，在湖南、河南两省的交换机投标会上，华为递交了一份特别的标书，在标书中，华为将自己的产品同中兴的产品进行了一一对比，委婉地指出华为的产品在性能上优于中兴。中兴得知后，非常气愤，决定以牙还牙，在投标会第二天，也搞了一个类似的标书，只不过却不是“委婉地表示”，而是直指华为产品的种种缺陷，并以此夺得了比华为更多的订单。

对此，华为自然不甘心，于是一纸诉状将中兴告上了法庭，状告中兴将“中兴电源”与“华为电源”进行容易引起误解的对比，其中许多事实、数据、技术指标都毫无根据，侵犯了华为的合法权益，要求中兴进行经济赔偿。中兴也不甘示弱，继续采取“以牙还牙”的战术，也将华为告上了法庭，状告的内容基本与华为类似。

最终，双方各赢一半，华为被要求赔偿中兴经济损失 180.5 万元，中兴被要求赔偿华为经济损失 89 万元。

提起这场官司，中兴人至今都气愤难平：“原本是华为最先挑起的嘛，到最后他们‘还恶人先告状’，我们只好进行反诉。”好在结果对中兴还是公平的，华为被罚得多，这多少让中兴人有了点平衡。

不过，华为虽然输了官司赔了钱，却赢得了品牌和市场。1998—2000 年，中兴年销售额从 41 亿元增至 102 亿元，而华为年销售额则从 89 亿元增至 220 亿元。华为一举奠定了自己的“王者”地位。

21 世纪以后，华为与中兴之间的交锋首先在国内的小灵通市场上展开。

2000 年前后，当风靡日本的小灵通技术被 UT 斯达康引进国内后，迅速在全国范围内掀起了一股热潮。

任正非研究小灵通技术后认为，这项技术比较落伍，不出 5 年就会被淘汰，而且电信主管部门对待它的政策也不明朗，因此选择放弃。巧合的是，就在华为宣布放弃小灵通业务的几天后，侯为贵对着全体中兴员工说，中兴今后市场主攻产品就是小灵通。

侯为贵做出这样的决定并非意气用事，他认为当时中国移动的移动业务发展迅速，而中国电信的固话业务增长缓慢，中国电信一直想建一个移动网，小灵通正好是一个不错的选择。

夺得小灵通市场后，中兴在市场扩展之路上走得越来越顺。2003 年，中兴年销售额达到 251 亿元，而华为年销售额为 317 亿元。中兴与华为的差距开始缩小。

忧患意识很强的任正非在进行深入思考之后，很快对华为的产品研发进行了调整，并决定实行战略转移，将目光瞄准了海外市场。

华为要走向海外，中兴这一次还是选择继续“学习”华为，也开始开拓海外市场，基本上是华为走到哪里，中兴就跟到哪里。在海外市场的竞争中，因为在产品、营销、管理等其他方面都很难找到对手的弱点，于是两家不约而同地选择了价格战的利器。

2003 年，在印度 CDMA450 招标中，华为和中兴分别通过印度本地合作伙伴同时参与了项目竞争。在竞争中，两家互相拆台，最终不得不以价格战一决胜负。其结果是损敌一千，自伤八百，真正占便宜的是印度企业。

2004 年，中兴决心进攻尼泊尔市场。综观当时华为的海外布局，尼泊尔是华为进入最早、费时最多、防卫最严的市场，如果中兴能在这里打开缺口，其战略意义非同一般。

侯为贵决心破釜沉舟拼死一战，他的底牌依然是低价，在投标会上，他不仅不允许中兴的竞标价格高于华为，而且要低上至少一半！抢到订单和市场才是胜者，亏钱也无所谓。

这种极具赌性的市场动作，让华为在尼泊尔连栽了好几个跟头，任正非怒不可遏，甚至向中国驻尼泊尔大使馆递交起诉书，状告中兴屡次采取不正当竞争手段，不过依然难以改变中兴夺走市场的事实。

华为与中兴之间的战火从印度烧到了俄罗斯，最后蔓延至整个海外市场。然而，这种不计成本的价格恶战也让双方损失惨重。2003 年华为的净利润率为 14%，到了 2007 年这个数字下降到 4%，而中兴在 2007 年的净利润率甚至还不到 4%。

2008 年前后，中国通信设备商迎来了最敏感的时期——3G 前夜。

在 3G 投入应用前，市场上有 WCDMA、CDMA2000、TD-WCDMA 三种制式，背后的主导者分别是欧洲、美国和中国。由于中国采用哪个标准发放 3G 牌照的事还没有最终确定，各通信设备厂商不得不三头下注。

尽管各有准备，但华为与中兴的侧重点却不一样。华为采取一贯的“压强原则”，投入几千人的研发团队，以压倒性的物力和财力，豪赌被公认为是主流的 WCDMA。与任正非不同，侯为贵采取的则是中庸策略：不放弃 WCDMA，适度投入；依托 CDMA95，向 CDMA2000 过渡；与大唐电信共同起草 TD-WCDMA，争取政府的支持。

事实证明，任正非这一次又押对了，WCDMA 后来成为世界主流的 3G 标准，华为也因为这次豪赌，逐渐拉开了和中兴的距离。当然，侯为贵的稳健选择，也不能说是过错，毕竟，它也确保了中兴的稳健经营。

在 3G 大势已定的情况下，中兴也不再纠结于此，再次跟随华为将触角伸向海外市场，抢夺起数据卡的欧洲业务。这一次，中兴用的还是低价策略，在欧洲市场上掀起了一场价格混战，将原本售价 200 欧元的数据卡降至 17 欧元，致使华为损失了 10 亿美元。另外，中兴的高调降价行为还引来了欧盟对包括华为在内的中国公司进行“三反”调查，导致自己和华为差点丧失继续留在欧洲市场的权利。

2016 年 1 月，侯为贵退休，中兴正式交棒，标志着一个时代的落幕。然而，华为与中兴这对兄弟企业之间的“同室操戈”，并没有因此而停下来。事实上，同在一个城市，同属一个行业，又同在海外打拼市场，华为与中兴之间的竞争虽然有其必要性，但不应该过于惨烈，而是要多一些团结与合作，尤其是面对海外市场，如果能取得双赢，才是最好的结果。

第 5 章

活在春天里，以过冬的心态

“现在是春天，但冬天已经不远了。我们在春天与夏天要念着冬天的问题。

“十多年来我天天思考的都是失败，对成功视而不见，也没有什么荣誉感、自豪感，而是危机感。

“冬天也是可爱的，并不是可恨的。我们如果不经过一个冬天，我们的队伍一直飘飘然是非常危险的，华为千万不能骄傲。”

企业的首要责任是活着

任正非的危机意识源自他对市场的深谋远虑，渗透在华为发展的每一个阶段。对于这种危机意识，任正非极其看重，他认为，在瞬息万变的信息社会，企业的首要责任是活着。

经过 30 年的发展，华为成长为国际化公司，成为中国企业实现国际化的一面标志性旗帜，华为所走过的路，正在成为众多中国企业学习的榜样。

但是，任正非从来没有对这些赞誉感到满足和喜悦过，他始终坚持着自己那套“活下来，才是真正的出路”的论调，正如他所说，“胜利的曙光是什么？胜利的曙光就是活下来，哪怕瘦一点，只要不得肝硬化、不得癌症，只要我们能活下来，我们就是胜利者。”

任正非认为，对华为来讲，长期要研究的课题是如何活下去，寻找活下去的理由和价值。活下去的基础是不断地提高核心竞争力，而提高企业竞争力的必然结果是利润的获得以及企业的发展壮大。这是一个闭合循环。

为了说明活着对企业的重要性，任正非在华为内部讲话中曾多次谈到童话故事《红舞鞋》。《红舞鞋》是丹麦童话大师安徒生的代表作之一，这个故事是讲一个年轻可爱的姑娘，发现了一双漂亮的红色舞鞋。这双鞋对她太有吸引力了，她忍不住穿上跳起了舞。没想到，这双鞋有超强的魔力，只要穿上它跳起舞，就无法停下来。结果这个姑娘累死了。

“红舞鞋”的故事告诉我们一个道理，尽管从理智上来说，人们绝不会以失去生命为代价去追求个人事业上的短暂成功。然而，人还具有太多不受理性控制的感情方面的因素。在人生的道路上，像“红舞鞋”这样的诱惑是随处可见、时时可见的。

经营企业如同经营人生，所以，这个道理也适用于企业管理。企业的表现归根结底就是企业领导人的表现，企业领导人每天也面临着类似于“红舞鞋”的诱惑。显然，企业领导人的责任并不是为公司寻找一双“红舞鞋”，使公司只能漂亮地活上一阵子。任正非坦言，“红舞鞋”虽然诱人，可企业一旦穿上它就脱不下来了，只能在它的带动下不停地跳舞，直至死亡。通过这个童话故事，任正非是想告诫所有的华为员工：“要经受住其他领域的诱惑，不要穿‘红舞鞋’，要做老老实实种庄稼的农民。”在任正非的管理艺术中，他经常用种庄稼来比喻一些管理模式：“华为要松土、翻新，种子是我们自己种的，外部请来的专家、引进的流程就像投射进的阳光，如果我们离开这片土地，能从外面捡回来玉米，但也许最开始播下的种子就死了。”

任正非认为，企业活下去比实现利润最大化更重要，因为只有活下去，才是企业提高竞争力、赢得利润最大化的基本条件。为了让华为能够活下去，在著名的《华为基本法》的开篇，华为核心价值观第一条是这样诠释的：“为了使华为成为世界一流的设备供应商，我们将永不进入信息服务业。通过无依赖的市场压力传递，使内部机制永远处于激活状态。”

对于“永不进入”，不能单纯地理解为拒绝诱惑，事实上也是华为能够生存下去并持续发展的关键。正如任正非在各种场合所反复强调的：“我现在想的不是企业如何去实现利润最大化，而是考虑企业怎么活下去，如何提高企业的核心竞争力的问题。”

强烈的危机意识，唯有惶者方能生存

在华为飞速发展的同时，任正非始终强调企业发展中要时刻存有危机意识，即“唯有惶者才能生存”。

为此，任正非用《华为的红旗能打多久》《活下去是企业的硬道理》两篇文章来警示员工要居安思危。2001年，在国际高科技产业哀鸿遍野、进入寒冬，华为却凭借不俗的成绩位居全国电子百强首位时，任正非又发表了《华为的冬天》，他表示“十年来我天天思考的全都是失败，对成功视而不见，也没有什么荣誉感、自豪感，而是危机感。也许是这样才存活了十年。我们大家要一起来想，怎样才能活下去，也许才能存活得久一些”。

在华为内部的讲话中，危机也是任正非说的频率最高的词语。任正非坦言：“历史给予华为机会，我们要防微杜渐，居安思危，才能长治久安。如果我们为当前的繁荣、发展所迷惑，看不见各种潜伏着的危机，我们就会像在冷水中不知大难将至的青蛙一样，最后在水深火热中魂归九天。”

根据公开的年报数据显示，2016年华为销售收入达到5200亿元，同比增长32%。5200亿元意味着什么？有人给出了最直观的答案：相当于两个联想、五个格力、五个中兴、五个阿里巴巴、六个比亚迪、七个小米；超过了BAT的营收总和；约等于万达+万科；在财富世界500强排行中，上升到了第129名，增速在全球千亿规模企业中名列第一！

从这个数据不难看出，如今华为已经成为中国企业界的超级巨人。然而，任正非从不因此而心生怠慢，在华为的发展过程中，他更加强调的是危机意识，让危机意识逐渐植入每个华为员工心中。

关于危机意识，有一个“青蛙效应”。

所谓“青蛙效应”，源于一次有名的试验。19 世纪末，美国康奈尔大学的一位教授在一次试验中，将一只健康的青蛙放在盛满沸水的大锅里，青蛙一接触到沸水，便立即蹿了出来，这种超强的弹跳力使它逃离了死亡的厄运。然后，教授又将另一只同样健康的青蛙放入一口装满凉水的大锅里，然后开始给水加温。随着水温的升高，水中的这只青蛙也明显地感觉到了外界温度的变化，但是由于测试者是用小火慢慢加热的，因此逐步升高的水温并没有给这只青蛙带来太多的不适应。但当温度继续升高，以至于逐步升高到足以致命时，这只青蛙拼命地想要跳出来，却已经没有跳跃的能力了，自己原有的那种关键时刻的爆发力已经消失殆尽。

“青蛙效应”强调的就是我们中国人常说的“生于忧患，死于安乐”的道理。人天生就是有惰性的，总愿意安于现状，不到迫不得已多半不愿意去改变已有的生活。若一个人久久沉迷于这种无变化的、安逸的生活，就会忽略周遭环境的变化，当危机到来时就会像那温水中的青蛙一样只能坐以待毙。

对于“青蛙效应”，任正非无疑是非常熟知的，也是非常警惕的。在《千古兴亡多少事，一江春水向东流》一文中，任正非这样写道：

我们无法准确预测未来，仍要大胆拥抱未来。面对潮起潮落，即使公司大幅度萎缩，我们不仅要淡定，也要矢志不移地继续推动组织朝长期价值贡献的方向去改革。要改革，更要开放。要去除成功的惰性与思维的惯性对队伍的影响，也不能躺在过去荣耀的延长线上，只要我们能不断地激活队伍，我们就有希望。

历史的灾难经常是周而复始的，人们的贪婪，从未因灾难改进过，过高的杠杆比，推动经济的泡沫化，总会破灭。我们唯有把握更清晰的方向，更努力地工作，任何投机总会要还账的。

经济越来越不可控，如果金融危机进一步延伸爆炸，货币急剧贬值，外部社会动荡，我们会独善其身吗？我们有能力挽救自己吗？我们行驶的航船，员工会给我们集资买油吗？历史没有终结，繁荣会永恒吗？

我们既要有信心，也不要盲目相信未来，历史的灾难，都是我们的前车之鉴。我们对未来的无知是无法解决的问题，但我们可以通过归纳找到方向，并使自己处在合理组织结构及优良的进取状态，以此来预防未来。死亡是会到来的，这是历史规律，我们的责任是应不断延长我们的生命。

千古兴亡多少事，一江春水向东流，流过太平洋，流过印度洋，……不回头。

从任正非这篇著名的文章中，我们不难看出他有着极强的危机意识。在任正非看来，只有居安思危，才能避免“温水煮青蛙”的悲剧。

事实上，因为特殊的生活经历，改革开放后中国第一批企业家多少都有一些危机意识，这种危机意识来自不确定性和不安全感。

华为发展越快，规模越大，任正非的危机意识反而越强烈。他也曾向员工描绘美好的未来，创立之初就豪言华为会“三分天下”；他也发出过“要敢于超越美国公司，最多就是输”的怒吼。但是华为创立以来，他说得最多的还是危机。于是，一个很奇特的现象出现了：天天疾呼危机的华为不仅活得很滋润，而且成为世界通信制造业巨头，而那些天天高喊“行业第一”“世界一流”的众多企业却早已折戟沉沙、销声匿迹了。这其中的道理值得每一位商业人士深思。

北国之春，向日本企业寻求“过冬术”

华为成立以来，任正非就在不断寻找可以预防危机、化解危机的良方，以求顺利过冬。

华为经历了十年高速发展，能不能长期持续发展，会不会遭遇低增长，甚至是长时间的低增长；企业的结构与管理上存在什么问题；员工在和平时期快速晋升，能否经受得起冬天的严寒；快速发展中的现金流会不会中断，如在江河凝固时，有涓涓细流，不致使企业处于完全停滞……这些都是企业领导人应预先研究的。

华为总会有冬天，准备好棉衣，比不准备好。我们该如何应对华为的冬天？

2001年，任正非带队出访日本，就是希望从曾经长期陷入萧条的日本企业身上学到一些经验，看它们是如何“过冬”的，以使华为可以更好地应对危机。

第二次世界大战之后的日本，在废墟中崛起，经历了长达30年的持续高速增长，并最终在20世纪70年代发展为全球经济大国。但从20世纪80年代开始，日本的经济增长速度明显减缓，进入90年代，经济的增长率更是低到了不足2%，此后日本经济进入“失去的十年”。

随后，日本进行了一系列改革。任正非的目的就是“取经”。

在日本，任正非先后走访了松下、东芝等多家著名企业，期间还与日本国情顾问竹内伦树教授进行了深入交流。此次出访日本，对任正非来说收获巨大，可以说是取到了“真经”。

在任正非这一次访问期间，正是日本经济的复苏时期，但尚未完全恢复。不过，日本社会治安之好，街道之整洁，人民之乐观、敬业，让任正非感受颇深，他相信：日本一旦重新起飞，这样的基础一定会使其一飞冲天。随后，任正非开始思考：华为若遭遇冬天，华为人是否也能沉着应对。

正是基于这种思考，在《北国之春》一文中，任正非中对日本之行进行了总结，将从日本企业身上学习到的过冬经验与华为内部存在的问题相结合，并指出了一些华为如何过冬的方法。

方法一：积极加强危机意识

参观松下公司时，任正非发现，无论是办公室、会议室，还是通道的墙上，随处都能看到一幅张贴画，画上是一条即将撞上冰山的巨轮，下面写着：“能挽救这条船的，唯有你。”其危机意识可见一斑。任正非由此产生了疑问：在华为公司，我们的“冬天”意识是否那么强烈？是否传递到了基层？是否人人行动起来了？

任正非希望，华为的员工能够居安思危，积极增强危机意识，在“冬天”来临之前，就把“过冬的棉袄”做好。

方法二：强化战略控制能力

二十世纪七八十年代，日本企业是通过实际运营优势而迅速崛起的，但最终还是走向了衰退。究其原因，公认的观点就是战略的缺失导致了企业整体竞争力的迅速下降。由此，任正非意识到，华为要想在快速变化的市场中及时有效地制定出新的发展方向及战略举措，就必须强化华为的战略控制能力，这样才能创造更大的整体价值和竞争优势。

方法三：保持积极乐观的态度

在日本出行期间，任正非在一个偏僻乡村的小酒屋内偶遇一群出来旅游的退休老人。这些老人还为他们热情地演唱了《拉网小调》。从老人的歌声里，任正非感受到了对方乐观、热情和无忧无虑的心态，这深深地感染了他。任正非也发现，日本之所以在这漫长的经济萧条期内始终没有倒下，与其国民这种乐观的心态也有着很大的关系。

的确，积极乐观的心态对于企业过冬有着很大的影响。任正非就经常向员工灌输乐观心态的作用。所以，无论面对何种危机，我们都很少看到华为人会出现惊慌，而总是以积极乐观的态度去解决问题。

在《北国之春》一文的结尾，任正非这样写道：

只要我们不断地发现问题，不断地探索，不断地自我批判，不断地建设与改进，总会有出路的。就如松下电工昭示的救冰海沉船的唯有本企业员工一样，能救华为的，也只有华为自己的员工。从来就没有什么救世主，也没有神仙皇帝，要创造美好的明天，全靠我们自己。

冬天总会过去，春天一定会来到。我们趁着冬天，养精蓄锐，加强内部的改造，我们和日本企业一道，度过这严冬。我们定会迎来残雪消融，溪流淙淙，华为的春天也一定会来临。

从华为十几年的发展历史看，任正非的确是一个好学生，通过向日本企业及其他国家企业的取经学习，他始终能引领华为人正确面对挫折与困境，安然地度过一个又一个“冬天”。

“冬天”来了，华为怎么做？

2012 年，在华为的国际咨询会议上，华为的一位英国顾问请任正非展望一下华为今后 10 年与 20 年的远景，任正非脱口而出：“20 年以后的华为，我可以告诉你，两个字：‘坟墓’。”在场有 30 多位华为的全球顾问和华为的管理高层。任正非的回答让在座的华为全球顾问大吃一惊，也明白了华为这家中国企业为什么卓越的原因。华为的德国顾问、戴姆勒—奔驰公司的原高管对此给予了高度评价：“任先生能这么想，20 年后华为会活得更强大。德国能有今天，就是因为我们民族总有危机意识，华为跟我们很相像。”

2016 年 12 月的一天，国内商业圈的大小媒体突然爆出任正非的一条最新的“危机论”：金融危机可能就要到来。这不禁让人联想到 2001 年 3 月，就在华为发展势头良好的时候，任正非曾在企业内刊上发表了一篇《华为的冬天》，这篇力透纸背的文章不仅是对华为的警醒，也恰恰预言了互联网泡沫的破裂，因此广为流传，“冬天”一词此后在企业界也成为危机的代名词。

事实上，上面这条危机论出自任正非当时公开的一段华为内部讲话，在讲话中，任正非提醒所有华为人：金融危机可能即将到来，一定要降低超长期库存和超长期欠款。其主旨，并非是要预测金融危机，强调的还是任正非一贯所提倡的危机意识。

对于商业人士来说，与其关注任正非的预判，不如多学一学他是如何进行危机管理和自我批判的，这样，才有可能像华为一样，真正立于不败之地。

多年来，任正非多次强调危机意识，渐渐形成了华为系统性的危机管理原则，这些原则非常有针对性，对于企业如何“过冬”有着很好的作用，我们将其总结为以下五条：

一、持续审计

任正非认为，对于一家企业来说，最容易产生危机的是疲劳。如何持久地保持激情与活力，是企业管理者随时面临的难题。在这方面，任正非的一个重要解决方法，就是靠内部审计。

很多公司的内部审计部门地位尴尬，甚至成了一个务虚的部门。华为的内部审计则不同，它隶属于董事会，权威性很高。

我们举三个实例说明。

实例一：华为国内某代表处的几位市场经理为了通过当年业绩考核，在搞定客户、取得项目验收预算报告后，就将此预算确认为当年的收入。数年后，这种欺骗行为被华为内部审计部门发现，这几位市场经理当即就被开除。

实例二：内部审计也监督任正非本人。一次任正非去日本出差，报销差旅费时，把住酒店时的洗衣费也计算在内了。华为的差旅费报销制度中是不允许员工报销此类费用的，当华为内部审计部门发现这笔不当报销后，将之写到了审计意见中。任正非为此还专门做了自我批评。

实例三：对于管理者不尽职的审批行为，内审照样能处理。华为某高管因在费用报销审核中未认真履责，华为内部审计部门决定停止其费用报销权签权力 3 年，本人承担连带赔偿责任。三年内如需恢复权签，须由个人聘请外部审计师对其停止权签权力之前三年的权签行为进行审计，审计中发现的违规金额及审计费用由其本人承担后，方可恢复费用报销财务权签权力。

二、末位淘汰

在公司内部，华为贯彻末位淘汰制度，裁掉落后的员工，裁掉那些不努力工作和无法胜任工作的员工，但不会进行大规模的裁员。这样有利于保护优秀的员工，从而激活整个组织。任正非说："大家都说美国的将军很年轻，其实了解了西点的军官培训体系和军衔的晋升制度就会知道，通往将军之路，就是艰难困苦之路，西点军校就是坚定不移地贯彻末位淘汰的制度。"

在任正非看来，华为的末位淘汰制度是永远不会停止的，只有淘汰不优秀的员工，才能保持整个组织的活力，也才能更好地面对"冬天"的到来。在这个问题上，华为实行的绝不会是一个三五年的短期行为。

三、忘记成功

任正非认为，任何一家企业，假如总是背着过往成功的包袱，那么，这家企业离倒下也就不远了。因此，他常常对华为的新员工讲，华为是没有历史的公司。

在深圳华为总部，和其他很多企业不同，你几乎看不到关于华为过去历史的照片，也看不到华为高层与政府领导的合影，甚至连任正非长什么样，在互联网被广泛运用之前，很多员工都不知道，任正非自己也表示，退休以后，不允许华为将自己供奉在荣耀殿堂里。

任正非曾经说，他从来都不在乎外界怎么看他，也不在乎接班人的问题，他说："接班人都是从底层打出来的，打出来的英雄同时又能够进行自我否定、自我批判，同时又有开放的胸怀，又有善于妥协的精神，同时在看人的问题上能够多元视角，而不是黑白分明，他就是自然而然成长的领袖。领袖不是选拔出来的，是打出来的。"

忘记成功，只因为心存敬畏，而这种敬畏恰恰造就了华为的伟大，这正是华为与其他许多企业最大的不同。

四、自我批判

华为公司的自我批判已经进行了很多年，"烧不死的鸟是凤凰"等都成为外界了解华为的金句。任正非说："自我批判不会批垮公司，自我批判不会使大家自卑心增长，即便如此，高速发展的时代与自卑心的增长，两者相互抵消，能够使干部能力更强，沉着冷静，更加成熟。我认为一个善于自我批判的人、有素质的人、有成功经验的人，越批评他，事会做得越好。"

任正非将自我批判视为促使华为顺利"过冬"的一种有效手段，在他看来，自我批判是一种"与时俱进、及时应变"的保障。世界唯上一不变的就是变化，稍有迟疑，就会失之千里，再加上故步自封、拒绝批评、犹疑不决等影响，失去的更不止千里。"我们是为面子而走向失败、走向死亡，还是丢掉面子，丢掉错误，迎头赶上呢？要活下去，就只有超越，要超越，首先必须超越自我；超越的必要条件，是及时去除一切错误。去除一切错误，首先就要敢于自我批判。"

"日中则昃，月满则亏"，在肯定自我批判的同时，任正非也强调要把握其中的度："过度地自我批判，以至破坏成熟、稳定的运作秩序，是不可取的。自我批判的不断性与阶段性要与周边的运作环境相适应。我们坚决反对形而上学、机械教条的唯心主义，在管理进步中，一定要实事求是，不要形左实右。"

五、决策创新

2004 年，美国 Mercy 咨询公司帮助华为设计公司组织结构时，提出要建立 EMT 经营管理团队制度，任正非不愿做 EMT 主席，就提出了一个新的模式——轮值 COO。7 位常务副总裁轮流担任 COO，每半年轮值一次。

任正非表示，也许正是这种无意中的轮值制度，平衡了公司各方面的危机，使公司得以均衡成长。"轮值的好处是，每个轮值者，在一段时间里，担负了公司 COO 的职责，不仅要处理日常事务，而且要为高层会议准备起草文件，大大地锻炼了他们。同时，他还不得不削小他的屁股，否则就达不到别人对他决议的拥护。这样他就将他管辖的部门，带入了全局利益的平衡，公司的山头无意中就这样削平了。”

2011 年，华为的轮值 COO 制度改为轮值 CEO 制度。对于轮值 CEO 制度，任正非认为这比将公司的成功系于一人的制度要好。每个轮值 CEO 在轮值期间都会奋力地拉车，牵引公司前进。他走偏了，使公司面临危机，下一轮的轮值 CEO 就会及时去纠正航向，使大船能早一些拨正船头，避免危机累积过重，演变成巨大的灾难。

给员工希望，希望是过冬的“火种”

伟大的军事领袖拿破仑说：“如果我告诉人们‘去战斗吧’，那么他们仅仅是去战斗。但是如果我给他们每人一条黄丝带，那么他们不仅会投入战斗，而且会为我去死。”

这是拿破仑作为一个军事天才和伟大领导者对领导力的绝佳阐述：黄丝带就是一种希望，而领导者制造和提供这种希望，并且运用这种希望来定义一个目标，确定实现目标的方法，以及目标实现之后的丰厚回报。

在企业中，一个领导者要面临两种选择：为员工提供一条黄丝带，或是给他们三尺白绫。黄丝带代表希望，三尺白绫代表绝望。

作为华为的最高领导者，任正非的领导力在企业的艰难时期表现得尤其明显，这一时期，他选择给华为员工提供一条黄丝带，鼓励员工以积极的心态渡过“华为的冬天”，要看到“冬天”的可爱之处，要从困难中看到希望。

2000—2002 年，华为内部不断有员工出走，这极大地影响了留下来员工的工作积极性，尤其是大将李一男的出走，一度使华为的研发速度严重滞后。

同一时期，华为在国外市场上也遭到对手的围追堵截。这一时期的华为，可谓是内忧外患，处于最寒冷的“冬天”。

为了鼓励公司上下的士气，在一次研发常委会议上，任正非给员工们充分分析了当时的大环境，给了华为员工一条希望的“黄丝带”。

下面是任正非讲话的节选。

最近，研发的一些部门提出来士气问题，市场部门也有人提出大家有劲使不出来。我们怎么看这个问题？士气在什么时候应该好？如果士气在市场大发展、红红火火的时候才好，艰难困苦时候就不好，那么谁来完成从艰难困苦到大发展的准备？我个人的看法是，越在最艰难、越在最困苦的时候，越能磨炼人的意志，越能检验人的道德与良知，越能锻炼人和提高人的技能，也越是我们的队伍建设最重要的时候。检验一个公司或部门是否具备良好的企业文化与组织氛围，不是在企业一帆风顺的时候，而是在遇到困难和挫折的时候，古人讲患难知人心，就是这个道理。

当前，整个全球经济在经受 IT 行业的痛苦，我们看清了全球出现一次泡沫化悲剧背后的原因，看清了事物的本质，就能够根据本质的原因调整我们的策略，使我们同步世界的变化，这样我们公司危机就会小一点。

“冬天”也是可爱的，并不是可恨的。我们如果不经过一个“冬天”，我们的队伍一直飘飘然是非常危险的，华为千万不能骄傲。所以，“冬天”并不可怕。我们是能够度得过去的，今年我们利润可能会下降一点，但不会亏损。与同行业的公司相比，我们的盈利能力还是比较强的。我们还要整顿好，迎接未来的发展。

在公众眼中，任正非是一个不苟言笑、极具威严的企业家，他就像是一位手持无形之鞭的驭手，激励着华为的员工不断奋进，甚至很少给他们休息时间。

他不断向员工施加压力，使那些沉浸在荣耀与喜悦中的华为员工重新绷紧神经，在残酷的商业市场中继续奋战。

事实上，这只是任正非给外界的表象，在这严酷的外表下，他更明白如何在华为员工士气受挫的时候及时地引导他们看到希望，激励他们朝着目标努力奔跑。

美国著名企业管理咨询师芭芭拉·佩里和哈里·赫特森曾联名发表过一篇名为《领导要给员工希望》的文章，任正非非常欣赏这篇文章，并对其中的一段话高度认可：“希望是火种，有了希望，人们将不再愤世嫉俗和萎靡不振。播种希望是领导者工作的一个重要组成部分，若是领导者在行动或讲话前先自问一下：‘我采取的行动或者说的话有可能扑灭希望，还是会点燃希望？’他们将获得莫大的好处。”

在“华为的冬天”里，正是任正非以其强大的精神鼓动力和非凡的人格魅力，为华为人点燃了希望的火种。所以，尽管华为多次面对“寒冬”，但公司上下从不曾丧失军心，而是不断朝着新的希望迈进，一步步走向了世界通信企业之巅。

第 6 章

厚积薄发，在强手如林的手机领域突围

“十几万人瞄准同一个城墙口，持续冲锋。华为的投资策略就是要快打慢，聚集在一个点上实际就是快打慢，所以会产生好的结果。

“聚集力量，密集投资，饱和攻击，扑上去，撕开它，纵深发展，横向扩张，把终端业务做大做强。

“终端要有战略耐性，要耐得住寂寞……，控制欲望、控制发展速度，‘鸡血’沸腾一定是犯错误的前兆。”

从山寨到“中国制造”，华为终端的华丽演变

中国是世界上最大的手机消费市场，占有全球手机市场份额的⅓，与此同时，中国也是世界手机重要的生产和出口大国，在全球手机排名前10的榜单中，中国手机已经占据半壁江山。

与此同时，近年来国产手机在国内市场的份额也开始迅速攀升。2016年，苹果、三星两大巨头虽然还是保持着其在智能手机市场上的绝对优势，但销量均有所下降，而国产手机在技术创新、渠道布局、海外拓展市场方面表现强劲，一路高歌猛进，在苹果、三星的前后夹击中杀出了一条“血路”，成为国内智能终端市场的主力军。其中成绩最为亮眼的，当属华为终端（华为终端包括华为手机与荣耀手机两个品牌，故下文以华为终端指代华为手机）。

华为终端成立以来，最初期表现可以说是默默无闻，销售渠道主要也是和电信运营商合作，做贴牌产品，尽管销量还算不错，但在终端市场的品牌影响力微乎其微。在华为公司内部，和电信设备相比，华为终端也一直是边缘化产品，其营业额和利润贡献几乎可以忽略不计。在消费者的心目中，华为终端的品牌形象和其他普通山寨手机并无区别。

从 2010 年末开始，华为开始发力手机终端市场。

2010 年 12 月 3 日，任正非在公司内部组织召开了一次高级座谈会，华为公司高管以及手机部门的骨干员工悉数参加。

在这次座谈会上，任正非对华为的终端手机业务重新进行了定位，明确指出华为终端在华为内部具有三分天下的重要战略地位，与运营商管道业务、企业网并列，以后将是公司三大核心业务之一。

大战略确定以后，确定华为终端的掌门人就成了首要任务。会议结束后，任正非立即将在无线、市场、研发方面均资历深厚的首席营销官余承东任命为华为终端董事长。余承东，本科毕业于西北工业大学，硕士毕业于清华大学，是华为的老员工，早在 1993 年就加入华为。余承东性格偏执、好打硬仗，功勋卓著，其最突出的业绩是从零开始坚持做 3G，直到华为 3G 产品线成为世界第一。任正非深知，要改变华为终端的被动局面，就得选择一位长跑型、愿意啃硬骨头、擅打硬仗的统帅，而余承东就是当之无愧的不二人选。

余承东果然不负众望，在他的带领下，华为终端发展迅速。如今，在全球市场，华为终端销量已经仅次于三星和苹果，在国内市场，也已经多次问鼎冠军宝座。

与骄人的销售数据相比，华为终端更大的成功还在于树立了其在消费市场的品牌地位，如今，越来越多的消费者已经逐渐意识到华为终端不再是山寨机，而是一个具有强大研发实力和可靠产品质量的一流手机品牌，其在手机体验上，与苹果和三星几乎已经处于一个水平线，有的地方甚至超越了苹果和三星。所以，用华为并不比用苹果的档次低，华为的使用者也不再只是低收入人群，越来越多的白领阶层和高收入人群甚至海外精英分子也都加入华为用户的队伍中，也就是说，华为终端已经完全摆脱了山寨的身份，成为全球闻名的品牌手机。

华为终端品牌影响力的提升和品牌形象的改善，主要得益于任正非对华为终端的严格要求，在2015年华为年中会上，任正非就曾对华为终端业务的发展提出7项严格要求：

第一，我们要充分理解世界的真正需求，西方公司在消费品销售中已经有几十年、几百年的经验，其中很多经验是值得我们学习的。

第二，销售模式多元化，逐步建立覆盖全球的销售网络。……我们不追求某种固定的销售模式，只要能销售出去就行。因此根据不同环境、不同条件、不同国家的国情，应该有不同的销售模式，不能单纯强调一种标准模式，我们率先实行线上、线下销售模式交叉。

第三，我们的产品要讲究质量，不仅仅是针对硬件，也包含软件。世界上软件做得好的公司，除了一家在德国，其他全在美国。所以应该在西雅图建立一个软件研究所，把物理类和逻辑类研究分开，否则我们的软件就不可能做到最好。美国这个国家的创新机制、创新精神、创新动力很强，我们不要故步自封，一定要把战略能力中心放到战略资源聚集地去。

第四，关于高端品牌机开发，把工艺放到日本，脑袋放到美国，屁股放到苏州去，形成高端品牌机开发圈，才能做更好的高端产品。

第五，品质入门级产品要保持信心。一是保卫了公司未来攻克战略高地的成功，二是品质入门级产品同样可以赢利。如果只给攻山头的部队重奖，不奖励围城打援的部队，那我们把围城打援的部队拆了，让攻山头的部队被包围吧？这样肯定不行。

第六，我们一定要多听使用者的意见和批评。你们在看网上文章时，不知道有多少人会看跟帖？大家认为这是水军行为，我不认为。我看文章时，就会去读成百上千个跟帖，看别人怎么骂华为的，看完后就知道哪些方面需要改进。

第七，消费者BG要加强开放，与优质伙伴合作，改善产品质量。我们有几个能力：第一个能力是连接能力，这应该是世界最强的；第二个能力是图像能力，目前苹果是最好的，我们有差距，但是我们有可能突破；第三个能力是操作系统，我们应该没有的，别人多少年积累才到现在这种程度，我们要去超越他们重做，我认为没必要，所以我们和软件厂家合作。这三个能力合起来，华为手机肯定是强大的。

可以说，正是在任正非的严格要求和终端部门的努力下，华为终端才迅速从一个类似山寨的品牌成长为一个全国乃至全球知名的手机品牌，各层次消费者不再怀疑华为手机的品质，也无须担心华为带来的山寨形象，正如华为手机的广告词所说："我用华为，我骄傲。"

做手机行业有温度的"百年老店"

每个人都有目标，无论是远期的、近期的，还是大目标、小目标。不过，很多人可能不会意识到，对于那些渴望成就伟大梦想的人来说，其最大的目标就如球王贝利最漂亮的进球一样，永远是"下一个"。

华为终端的目标亦是如此。2011 年起，华为就坚决放弃低端定制业务模式，走上自有品牌中高端之路；到 2012 年实现品牌、产品、渠道三大转变，并坚定实施精品战略；2013 年在全球市场初步构建起公开市场能力；尤其是到 2014 年逐渐站稳全球高端市场，同时互联网模式初获成功，一群胸怀远大目标的华为人在任正非的带领下，硬是把不被外界看好的手机业务做出了令世界瞩目的成绩。

众所周知，华为终端的"小目标"是超越苹果、三星，那么它的最终目标又是什么呢？对此，华为消费者业务中国区总裁朱平在接受采访时曾表示，华为想做智能手机市场的“百年老店”，“华为对消费者业务有这样一个追求：我们关注的一定不仅仅是销量、收入、利润等数据，而是更加关注消费者的用户需求和感知的变化，华为希望做‘有温度的团队’，给消费者提供‘有温度的产品’，并希望成为大众心目中‘有温度的品牌’”。

所谓“有温度”，就是指华为希望用人文情怀沟通消费者的内心，使产品不再是冰冷的科技，而是消费者情感和企业品牌的承载体。例如，从华为 P6 手机的“美是一种态度”、P7 的“君子如兰”到 Mate7 的“爵士人生”，再到 P8 系列的“似水流年”，华为终端所传达的人文体验无疑是明显的，消费者在看到这样的品牌理念后，也很容易产生华为终端不仅仅是一款科技产品的感觉。

再如 EMUI（华为基于 Android 开发的情感化用户界面），它十分重视一丝一毫的细节体验，给用户带去贴心服务。

重力键盘、重力卡片、下拉悬停、二维码名片、下拉拍照，这些新型交互方式，让使用者大呼“原来手机也可以这么方便”；而情景智能功能，整合航班、高铁、酒店、会议、天气突变等提醒，如同一个贴心的私人助理，让你忙而不乱；为了相看两不厌，EMUI 打造了杂志锁屏功能，从此锁屏不再单调枯燥，时刻新鲜精彩。更难得的是，针对当前的各种“漂”，EMUI 加入了包括屏幕共享、远程协助、语音通话、远程涂鸦在内的亲情关怀功能，不管离得多远，我们都能够解决父母的“数码难题”。华为对于用户体验的重视，对于情感化用户界面的打造，不仅仅在于这些细微处。堪称“黑科技”的指关节感应、点屏感应等创新的酷炫功能，同样致力于打造有温度的、方便快捷的人机交互体验。

在任正非看来，产品的温度是希望提供给消费者极致体验的产品，品牌的温度是希望能够更加了解消费群体的最新需求，团队的温度是华为人艰苦奋斗的精神。在这个基础之上，华为还要给用户和合作伙伴更多的温度，华为希望做一个更加伟大的品牌。

随着业务的不断扩大，华为所希望的也不仅仅是做智能手机，而是希望打造包括可穿戴、智能家居、智能车载终端等在内的更加全面的智能终端产品；同时华为希望积极与产业链各方加强合作，共同推动智能终端产业链和生态圈的健康发展。

在任正非看来，尽管华为终端近几年的形势是节节走高，但无论是销量还是收入、市场份额，都只能代表华为暂时性的成果，因此华为终端不会刻意追求销量，而是将围绕着精品战略，以客户为中心，更多聚焦产品的用户体验，围绕广大消费者的最新需求、团结好广大合作伙伴，从而为消费者带来更好的产品、服务、用户体验和口碑。

多年来，华为在手机市场一直扮演着“另类”的角色，在整体浮躁的中国手机市场，重金投入研发，踏踏实实做产品。公开的数据表明，截至 2018 年，10 年间华为在研发上投入的资金累计已超过 4850 亿元人民币，积累了深厚的技术实力和强大的创新能力，这就为华为手机等终端产品的设计、研发提供了坚实的基础。

与此同时，华为在中国、德国、瑞典、俄罗斯、印度等多地建立了近 20 所研究所，集合全球不同地区优势打造最极致的产品和服务。例如，在巴黎设立了美学研究所，在俄罗斯设立了专注于算法的研究所，等等。在服务方面，华为强调从体验、购买到售后，全流程改善消费者端到端的体验，为此，华为在全国已经建立了 9000 多家体验店，让华为的品牌形象更加贴近消费者。

正是这份沉静和近乎奢侈的研发投入，使华为拿出了能够造就“白天鹅”的“黑科技”，如指关节截屏和指关节勾勒唤醒等令人瞠目结舌的指关节感应。这一切都充分表明，华为要做手机行业有温度的“百年老店”，并不是自说自话，而是实打实地在朝这个方向奋进。

双品牌称王，华为与荣耀如何避免左右手互搏

在生产力与市场经济发展到一定阶段后，品牌经济就是一种自然而然的产物。品牌经济是以产品品牌为核心，整合各种经济要素，带动产品整体运营的一种高级市场经济形态。而当一个产业进入高速发展期，因为产品线过长、用户需求和产品调性各异，单一的品牌很可能就无法满足市场的需求，在这种情况下，很多企业就开始尝试双品牌策略。所谓双品牌策略，是指企业在某项产品上设定一主一副两个品牌的策略。其中主品牌涵盖企业若干产品，同时，给各个产品设定不同的副品牌，以副品牌来突出不同产品的个性形象。

双品牌策略兼容了单品牌策略与多品牌策略的优点。它既可保证在单品牌策略下公司产品均在主品牌下受益，收到优势共享的效果；又能达到在多品牌策略下划清产品之间的界限，从而避免因个别产品的失败而给整个品牌带来损失的效果。

在现实商业实践中，我们可以看到很多通过对双品牌进行精耕细作而取得成功的先例。例如，丰田和雷克萨斯的双品牌就是非常成功的一例，雷克萨斯是丰田汽车公司早先为了挑战世界顶级豪华轿车劳斯莱斯而成功研发的品牌，其高端、豪华的产品形象现在已经深得消费者的青睐，是中端品牌走向高端的成功尝试。再如，时尚产业的阿玛尼针对不同用户群设立了子品牌 AX，也受到了用户的普遍欢迎。

像这样的例子还有很多，这些成功案例充分印证了双品牌战略符合精准营

销的潮流趋势，也更加符合用户个性化的产品需求和品牌取向。

对双品牌有所了解后，我们再来看华为和荣耀的双品牌策略。

华为手机定位于高端手机市场，推出的产品有：Mate 系列，主打商务旗舰，客户多为高端商务人士，如华为 Mate9、华为 Mate9 Plus；P 系列，主打时尚与拍照，定位年轻消费者，如广受欢迎的华为 P9、P10；Nova 系列，是于 2016 年推出的，定位中端主流，类似 OPPO/vivo 的策略，主打注重颜值、拍照的年轻消费群体；畅享系列，定位中低端，主打千元机市场，代表机型有华为畅享 6s；G 系列 / 麦芒系列，均为主打运营商，相当于运营商定制机。另外，华为还有 D 系列和 Y 系列手机，但已经停产，这里就不再介绍。

从诞生起，华为手机的主攻路线就没有选择亲民，即使是早期国产手机在安卓阵营仍比较脆弱的时候，华为也不是走低端路线，而是先主攻运营商定制。等到手机同质化严重、国际品牌的优势不再明显时，华为手机就开始正式谋划高端路线。

华为手机发力高端，源于其对自身的品牌定位就是一家国际化的科技企业，如此，视野自然不会局限于国内这一亩三分地，而是尽量朝着国际高端市场进军。

荣耀是华为旗下的一个互联网手机品牌，推出的产品有：V 系列，定位荣耀旗舰机，主打拍照、高颜值，并且部分机型加入了 VR 支持，如荣耀 V9、荣耀 V8 等，包装盒均可以自制 VR 眼镜，并且配备了双摄像头；荣耀系列，主打时尚，多为主流以上旗舰机，如荣耀 8、荣耀 7 等；Note 系列，主打大屏，如荣耀 Note8，适合大屏影音娱乐用户；畅玩系列，主打千元市场，定位入门，如荣耀畅玩 6X、荣耀畅玩 6/5X 等。

荣耀品牌追求以更快的变化来适应移动互联网时代，准确认知互联网的本质：平等，开放，去中心化，保持与受众、观众完全对等沟通，聆听观众的呼声，为受众提供更多满足其需求的高性价比产品。荣耀产品遵循华为品质，追求更酷、更极致的体验。在销售模式上，荣耀主要走电商渠道，运营成本相对较低，其定位群体也是追求性价比的年轻群体。

相比华为手机来说，荣耀手机更加接地气、更亲民。正是这两个手机品牌的不同定位，消费者才能对它们的产品产生两种明显不同，但却又格外鲜明的品牌感受，即喜欢高端产品，买华为；追求性价比，买荣耀。这样，两类受众群体各取所需，互不干扰。但无论消费者选择哪一款，最终的赢家始终是华为。

数据最有说服力。从近年来华为和荣耀品牌公开的销量数据来看，虽然这两个品牌的产品价位段有重合，但各自的增长速度都很迅猛，基本上不存在左右手互搏、争抢用户的情况。2020 年 2 月 4 日，研究机构 IDC 发布数据显示，华为 2019 年手机出货量全球排名第二，达到 2.406 亿部，同比增长 16.8%。这种增长速度是全球智能手机厂商中最快的。

具体来讲，华为的双品牌战略为什么会取得成功呢？这可以从硬实力和软实力两方面来给出答案：

一、硬实力：华为双品牌策略的基本前提是打造精品

无论是华为还是荣耀，都坚信：打造精品，并保障持续的供应，是获得用户认可的根本。华为自不必说，在荣耀内部，也将打造精品的策略视为业务核心，并将其提炼为“笨鸟精神”。

什么是“笨鸟精神”？荣耀总裁赵明对此给出的解释是：不吝啬（巨资投入研发）、不封闭（汇聚全球最优秀的资源）、不投机（做极致的产品）、不妥协（近乎变态的品控）、不独享（有朋友有未来）、不忽悠（互联网应传递正能量）。

“荣耀不等风口，而是创造风口；不吝巨资投入研发，坚持自主创新，厚积薄发；汇聚全球最优秀的资源来开发和设计产品，实现全球顶级品质。”赵明如此解释。

不难看出，“笨鸟精神”是一种短期不太容易奏效，但长期却会迸发出强

大潜力的策略。

正是本着以“笨鸟精神”做企业的初心，荣耀在营销上主打的不是性价比，而是“极致”。比如荣耀 6Plus，它的双镜头技术有多达 32 项专利，荣耀 4X 全网通相关射频天线技术专利也超过 7 项。另外，这种对极致的追求还体现在对产品质量的把控上，荣耀销毁手机的事件就是最有说服力的案例。2015 年 5 月 28 日，荣耀在深圳集中销毁了 12845 部好手机，这其中包括荣耀 3C、荣耀畅玩等爆款手机。在此之前，荣耀已经销毁 4462 部手机，两次合计销毁 17307 部，总价值近 2000 万元。荣耀销毁手机的起因是这些手机在运输过程中发生轮胎起火，导致集装箱内的部分手机受到影响，尽管按生产检验标准不良率仅有 1.4%，但严格来讲，不能保证一年后是否会有隐患出现，为了保障消费者的使用体验，荣耀宁可损失 2000 万元，也决定全部销毁。

产品极致的追求带来用户极致的体验，随之而来的则是用户满意度的提升。“笨鸟精神”的品牌战略，前期的确没有给荣耀带来像小米那样的飞速增长，但随着口碑不断地积累，荣耀的后劲就展现了出来，并在最近几年对小米手机实现了反超。

二、软实力：以灵活的体制机制和开放的合作理念为保障

在硬实力上，假如说国内其他厂商在经过努力后可以追赶上华为和荣耀，那么，其在软实力上的追赶，却是一时很难达到的。在软实力方面，灵活的体制机制和开放的合作理念为华为、荣耀提供了最大保障，而这种保障与整个华为的文化、任正非的格局密切相关。

在华为内部，有一个“赛马文化”，或者叫内部竞争文化。在华为，团队和项目之间的比拼，被形象地比喻成赛马。以团队和项目组为单位赛马，争当先进。任正非非常鼓励这种内部斗争，认为要避免死在对手的手中，就要先从自己身上找到弱点。面对小米、OPPO、vivo、魅族等手机企业的冲击，在终端

业务领域，华为就启动了这一内部赛马机制。

荣耀和华为之间的协同作战，其实正是通过内部错位竞争，培育出两个强势的品牌，价位段互补，人群互补，然后共同开拓市场。荣耀针对年轻群体，而华为针对更具实力的中年群体。两者在产品性能和主攻方向上虽然存在区别，但是同时针对整个中高端市场展开竞争，能扩大整个市场份额，而且，通过这种集群作战的方式，也能有效形成对苹果和三星的挑战。

在全球市场上，华为、荣耀奉行的是“1 N X”的发展模式，即 1 个主流电商销售阵地；N 个渠道或销售合作伙伴，覆盖更广的人群；X 则是华为、荣耀沟通的平台或消费群。这种开放合作理念，让华为拥有了更多的企业朋友，然后一起为用户服务。

体现开放性的另外一点是对生态的认知。很多互联网企业动辄要打造以自己为核心的生态，华为终端董事长余承东在接受采访的时候则表示，生态体系需要整个行业来构建，而不是某一家公司。余承东指出，华为志在提供一个平台，在构建生态体系的过程中，不是靠一家吃独食，而是靠大家共赢。华为和荣耀品牌都会进军智能家居、智能硬件领域，将提供硬件、软件和操作系统，提供芯片级的支撑，但不会一家垄断。

正是硬实力与软实力的结合，才造就了华为终端今日的成功，而成功的风光背后必然有奋斗的沧桑。无论是定位高端、追求卓越的华为，还是勇敢做自己的荣耀，都能够在大机会时代，做到摒弃机会主义，踏踏实实做产品，兢兢业业做服务，这是最难能可贵的品质，也是华为双品牌策略能够获得成功的根本所在。

从赞助到专属定制，玩转体育营销

欧洲是全球各大手机厂商最看重的高端市场，是品牌手机必争的战略高地，华为终端之所以能在全球手机市场奠定仅次于三星的地位，在很大程度上就得益于其在欧洲市场上的成功，而体育营销就是华为终端品牌打开欧洲消费者市场的一块强大的“敲门砖”。

众所周知，欧洲人对体育极其热爱，体坛最大的盛事——奥运会就诞生于欧洲国家希腊。足球，这一全球最大的体育项目，也主要集中在欧洲，风靡全球的五大联赛在很大程度上就代表了世界足球的最高水平，而四年一度的欧洲杯更是人尽皆知。

分析华为历年来的海外足球之旅，可以看出一条清晰的脉络，从开始简单的赞助比赛，到赞助球队，到通过技术改造球场，再到专属定制，华为的足球营销合作不断加深。

华为最初切入足球营销是在 2011 年 7 月，当时，华为宣布独家冠名赞助 2011 意大利超级杯比赛。凭借赞助这一赛事，华为开始大力推广手机业务。

2013 年下半年开始，华为终端连续赞助了德甲多特蒙德、意甲 AC 米兰、西甲联赛、英超阿森纳、法甲巴黎圣日耳曼等诸多传统欧洲强队。东欧和中东地区同样处于华为品牌营销的覆盖范围之内。2014 年 6 月，华为与俄罗斯足协官方达成合作伙伴关系。

只是冠名合作并不能满足华为拓展市场的需求，身为赞助商，假如华为只是提供资金支持，其品牌形象往往只会停留在“赞助商”的角色上。只有通过深入合作，找到与体育联系更为紧密的结合方式，才能体现体育营销的真正内涵与价值。

2013年开始，华为正式推出了“敏捷场馆”解决方案。例如，华为在德国多特蒙德球队的主场伊杜纳公园球场铺设的欧洲最大的球场无线网络，可以为场内的8万余名观众和全体工作人员免费提供WI-FI，球迷还能够第一时间接收到比赛双方的首发阵容等信息推送。再如，早在2014年初，华为就联合AC米兰和阿森纳推出限量版的G7和P7手机，使得其合作从简单的赞助走向了产品的直接定制服务，带动了很多球迷和粉丝购买华为终端产品。

此外，华为还曾在与巴黎圣日耳曼俱乐部共同举办的球星见面会上，巧妙安排该俱乐部的超级球星卡瓦尼与乒坛世界冠军王皓进行了一场跨界的乒乓球对决。而王皓所使用的“乒乓球拍”正是一部华为P7手机，这一极具创意的跨界体育营销方式让P7迅速成为最受网友关注的“主角”，也使华为进一步摆脱了单纯的“赞助商”形象。

在足球营销上，华为除了赞助知名俱乐部，还签约了包括梅西、莱万多夫斯基、桑切斯、哈梅斯·罗德里格斯等在内的多位国际顶级球星。其中，签约梅西是近年来中国企业在海外签约体育明星的最大手笔，对华为有着十分重要的意义。

首先，梅西本身拥有强大的号召力。作为五届FIFA金球奖得主的梅西，是全世界公认的最具价值的运动员之一。在全球最大的社交网站Facebook上，梅西拥有接近8400万粉丝。作为新一代“球王”，梅西形象阳光健康，而且极少传出负面消息，再加上足球运动在全球巨大的影响力，可以说，梅西是目前全球最具号召力的体育明星代言人之一。

其次，梅西的个人形象与华为品牌诉求高度契合。寻找品牌代言人一定要符合企业自身的经营理念和气质，梅西与华为的本身品牌诉求非常契合，就如余承东在其微博上所说："梅西和华为拥有很多相同的价值观，他将与我们一道，鼓励人们专注、坚持、不断突破，从而取得非凡成就。"的确，作为世界顶尖球员的代表，梅西不仅技术是超一流的，在球场上所表现出来的品格也让人钦佩，例如，虽然经常在场上遭遇对方球员的黑脚，但梅西却很少有抱怨甚至谩骂的时候，更多的是通过自身的努力去寻找更加美妙的进球，为观众带来极致的享受，这种精神，正是华为品牌所提倡的。

除足球之外，华为在体育营销上，针对海外不同市场的文化特点，还涉足了橄榄球、板球、网球等多个领域的体育项目和赛事，并分别进行不同程度的投入和探索。

在美国，华为选择绕开体制和意识形态的障碍，直接向那些热爱体育的美国球迷抛出橄榄枝。在具体营销布局中，华为没有选择和中兴竞争 NBA 市场，而是向深受美国人喜爱的职业橄榄球联赛伸出橄榄枝。2014 年 11 月，华为与华盛顿红皮队达成官方合作伙伴关系，并承诺为拥有 8.5 万个座位的红皮主场提供无线网络信号。这次赞助是华为在美国的第一次成功的大型赞助。

除了欧洲和美国市场，华为还投资赞助了印度超级板球联赛的班加罗尔皇家挑战者俱乐部，以及澳大利亚橄榄球联盟堪培拉奇袭队。虽然 2012 年华为曾被禁止参与澳大利亚国家宽带网络项目，但是华为并未就此放弃澳大利亚市场，而是将体育营销作为突破点，投资在澳大利亚广受欢迎的堪培拉奇袭队，希望以此吸引本土企业加入华为的全球供应链，重新打开市场。

华为之所以高度重视体育营销，除了这些体育项目能拉动市场消费，还有一个很重要的原因，就是在华为高层尤其是任正非看来，体育精神与华为精神十分契合，体育所传递的坚持、拼搏与突破，与华为的企业文化和品牌内涵高度吻合；体育所赋予人们的热情和正能量也能进一步让华为品牌与消费者产生强烈的情感共鸣。

2016 年，华为以 186.52 亿美元的品牌价值第二次入选 Brand Z 全球最具价值品牌榜百强，排名从 2015 年的第 70 位大幅提升至第 50 位。不难看出，在华为的全球扩张过程中，持续的体育营销贡献巨大，它极大地拉近了华为与当地消费者之间的距离，迅速提升了华为品牌在全球大众消费市场的影响力，也充分印证了体育营销的价值和回报。

大梦想，冲刺世界第一

2011 年以来，全球智能手机市场占主导地位的一直是苹果和三星，两家轮流坐庄。至于第三把交椅，在最开始的几年，始终在诺基亚、黑莓、小米等厂商间频繁更换。

2014 年，依靠在中低端产品上不断巩固市场份额，小米一跃成为全球第三大智能手机制造商。但随后两年，小米的发展势头出现比较大的下滑，2018 年在全球智能手机市场上排位第 4。

小米手机的销售之所以出现大幅下滑，一个重要原因是实体店太少，主要以线上为主，另一个重要原因则在于华为这个强大对手的迅猛崛起。

华为终端董事长余承东表示 ：“未来我们的智能机业务将不断发展壮大，打算跻身市场前两名，到 2021 年之前，超越第一。”

从全球市场分析，目前，华为终端除了在中国占据主流，在欧洲市场也极为畅销 ：在葡萄牙和荷兰市场，华为终端销量第一 ；在意大利、波兰、匈牙利以及西班牙手机市场上，华为终端销量第二。

华为终端最强大的优势在于其拥有竞争对手无法比拟的广泛技术能力 ：华为能生产无线通信产业链上所有环节的产品，包括发射信号的电信网络、连接网络的芯片以及手持设备。此外，华为还有销售通信设备所带来的现金流，能保证其在研发上的投入超过任何国内的其他竞争对手，并使其手机的质量接近于苹果的 iPhone 系列和三星的盖乐世系列。

正是基于这种强大的优势，华为终端实现了飞速增长。2015 年，华为卖出了 1.08 亿部手机，排名世界第三。2016 年的出货量大涨 30%，达 1.4 亿部，手机带来的营业收入增长率约为 40%，达 1780 亿元（约 265 亿美元），而同一时期,全球的手机行业仅有一位数的增长。2018 年,华为手机出货量达到了 2.06 亿部，与处于第二位的苹果手机仅相差 280 万部。研究中国智能手机生产商的分析师吕俊宽说："它的增长实在太快了，从全球来看，华为是最成功的中国品牌。"

也正是基于这种强大的优势和市场表现，余承东才会底气十足地表示：华为加速度要比苹果和三星都快得多，超越它们恐怕也就是近三五年的事了。

三星和苹果相比，华为更看重的是苹果，而产品缺乏创意和差异化的家族制企业三星则被华为放在次要目标上。

在乔布斯的带领下，苹果达到辉煌顶峰。乔布斯去世后，库克继任，延续了两三年好日子，随后开始走下坡路。苹果公司发布 2016 财年第三财季财报显示，苹果营收和利润双双下滑，营收为 423.58 亿美元，低于 2015 年同期的 496.05 亿美元；净利润为 77.96 亿美元，比 2015 年同期的 106.77 亿美元下滑 27%。这是苹果连续两个季度业绩表现糟糕，是十三年来最差。

2017 年 5 月 2 日，互联网科技界爆出一条消息，并被迅速刷屏：IDC 数据显示，2017 年第一季度，华为全球智能手机发货量达到 3420 万部，同比增长近 21.7%。如此一来，华为智能手机全球市场份额提升至 9.8%，市场份额稳居全球前三。

IDC 数据与此前 Trend Force 发布的 2017 年第一季度全球智能手机市场数据有差异，但整体市场格局类似——苹果相比 2016 年第四季度出现大幅下降，而华为则继续保持增长态势，进一步缩小与苹果的差距。

由此不难看出，苹果在 iPhone7 系列创新不足的情况下，以前凭借一代产品拉动一年市场的实力已经不复存在。

与之相对应的是，华为终端一直在加大研发投入，不断地提升自己的产品优势，从 Mate 8 到 Mate 20，从 P9 再到 P20，华为在双摄像头拍照、充电性能、电池续航、系统速度等方面，都有了十分明显的提升。

更为重要的是，华为拥有领先全球的 5G 技术，这一技术所支持的设备接入数量将达到 4G 的 1000 倍左右。因此，该技术更有希望将影响力释放到汽车、家居和智能城市这些更为广泛的领域。

2016 年 11 月 17 日凌晨 0 点 45 分，在 3GPP RAN187 次会议的 5G 短码方案讨论中，经过极为残酷的竞争和艰苦卓绝的努力，华为的 Polar Code（极化码）方案最终获胜，成为 5G 控制信道 eMBB 场景编码最终方案。

华为 Polar 码的竞争对手包括美国高通主导的 LDPC 编码和法国主导的 Turbo2.0 编码。而这两个跨国巨头此前代表的是 3G、4G 技术的主导力量。

这一次，华为推荐的方案第一次获得编码级别标准认定，代表着华为的地位获得国际认可。2G 时代华为跟着跑，3G 时代刚刚能够看到，4G 时代参与了一部分，到了 5G 时代，华为则成了最重要的组成部分，领跑全球。

展望未来全球智能手机市场，伴随着消费市场的成熟化和用户消费心态的理智化，信息不对称和渠道寡头效应也会逐渐消退，最终谁能胜出，还是要靠产品本身的质量说话。从这个角度看，华为终端以产品竞争力为核心的长跑模式，无疑拥有更大的发展潜力，实现冲刺世界第一的大梦想也并非没有可能。

PART 3

叱咤海外，谁与争锋

——问鼎世界的雄心与壮举

国际化之路注定是曲折、漫长而又艰辛的，但这又是承担着民族复兴重任的中国企业浴火重生的必经之路，是必须趟过去的流沙河，必须翻过去的火焰山。

国际化的磨难比九九八十一难还多，但华为还是毅然决然地走了出去，经过艰苦卓绝的奋斗和努力，以傲然的身姿屹立于全球顶尖企业之林，向世界展现着中国企业的强大与自信。

第 7 章

走出去，世界尽在眼前

“我们应在该出击时就出击……我们现在还不十分危险……若 3 ~ 5 年之内建立不起国际化的队伍，那么中国市场一旦饱和，我们将坐以待毙！

“我们要积极扩大海外市场：‘东方不亮西方亮，黑了北方有南方。’我们扩大海外市场，就可以扩大我们的生存空间，提高我们的生存质量，我们的员工要前仆后继地奔向国际市场。

“我认为年轻人，在你生命非常旺盛的历史时期，要勇敢走向国际市场，去多经风雨，多见世面，对你一生受益不浅。”

顽强地活下去，倔强地走出去

对于绝大多数中国企业来说，无论是为了顺应潮流，还是为了扩大市场，全球化都是一条必由之路。在中国企业的国际化进程中，华为可以说是行动最早并成效最大的企业之一，这源于任正非强烈的忧患意识。早在 20 世纪 90 年代，任正非就开始思考这样一个问题：假如国内市场饱和，华为该怎么做？因此，当时任正非就指出，华为的发展方向是国际化公司，并开始着手进行探路。

1996—2000 年，国内通信运营商的投资年均增长率为 24.9%，2000—2002 年，电信产业的“冬天”到来，其投资年均增长率猛然下滑至 2.1%。华为的国内通信业务也出现严重滑坡。但是，就在这种严峻的形势下，华为的海外业务却非常亮眼。通过直观的数据，我们可以看到华为海外市场的明显增长：2002 年第一季度，华为首次出现海外销售额超过国内销售额，仅上半年，海外销售额就达 3 亿美元，是 2001 年同一时期的 2 倍。2002 年华为年销售总额为 221 亿元，其中，海外销售额近 5.5 亿美元，占总销售额的近 20%。之后，海外市场的占比越来越大。2003 年，华为上半年销售额达 120 亿元人民币，其中，海外销售额为 3.5 亿美元，占上半年总销售额的近 24%。

在国内市场萎靡不振时，华为在海外市场的表现及时地发挥了止亏作用。事实证明，任正非的确具有超常的战略家眼光。不过，在任正非看来，华为之所以“走出去”并不是因为自己有多英明，自己的初衷其实非常简单，“走出去”就是为了要“活下去”，在国内市场迟早会饱和的情况下，华为需要尽快抢占海外市场来巩固并发展自身，否则，很可能就扛不过“冬天”的侵袭。

其实，早在 1994 年，当华为自主研发的数字程控交换机在市场上取得一定的成绩时，任正非就已经预感到中国未来的通信市场必将会有一场惨烈的竞争，也意识到华为国际化的重大意义。任正非的预感没有错，之后中国通信市场的竞争格局很快就发生了巨大变化：国际通信市场开始出现萎缩，国际通信设备巨头纷纷把目光瞄准刚起步的中国通信市场，并同样开始启用价格竞争。技术上有优势，又开始在价格上让步，导致华为等国内通信企业失去了最大的竞争优势，陷入了非常被动的境地。

对于当时的局势，任正非是这样总结的：

我们的队伍太年轻，而且又生长在我们顺利发展的时期，抗风险意识与驾驭危机的能力都较弱，经不起打击……必须趁着短暂的领先，尽快抢占一些市场，加大投入来巩固和延长我们的先进，否则一点点领先的优势都会稍纵即逝，不努力，就会徒伤悲。我们应在该出击时就出击……我们现在还不十分危险……若 3 ～ 5 年之内建立不起国际化的队伍，那么中国市场一旦饱和，我们将坐以待毙！

当然，要想顺利地走出去绝非易事，华为要面对的竞争比国内市场还要巨大，在全球市场上，与思科、爱立信、诺基亚、摩托罗拉、西门子等国际巨头的正面较量无法避免，对华为来说，这是一场极其严峻的考验。

首先，在国际市场，华为的知名度和品牌优势极为有限。而且，在高科技行业领域，发展中国家的品牌和影响本身就不如欧美发达国家企业，尤其是在要进入这些欧美发达国家时，遇到的技术和市场壁垒更是巨大。

其次，华为当时在国内虽然是一流企业，但无论是市场运作、核心技术还是人才储备，在国际上都没有丝毫优势。另外，在创业初期，国内的市场和商业环境并不成熟，华为正是在这种不成熟的机制中发展壮大的，在此过程中积累的一些成功经验在海外市场并不适用。此外，华为还严重缺乏国际化人才和开拓国际市场的经验，对有些国家的技术需求、技术水平、市场准入的条件以及相关法律等也是了解甚少。

最后，海外市场充满变数，华为要面对的不仅是艰辛的市场开拓和强大的竞争对手，战争和自然灾害、文化差别、社会治安、员工两地分居、生活不习惯等障碍也都需要一一克服。如何激发公司的管理层和员工开拓海外市场的积极性，也是亟待解决的问题。

向来眼光敏锐的任正非自然意识到了这些问题，但他的自信心并没有丝毫动摇，因为他有足以倚重的两大利器：高性价比的产品和无坚不摧的市场团队。在面对“走出去”的战略抉择上，任正非这样积极引导员工：

我们要积极扩大海外市场：“东方不亮西方亮，黑了北方有南方。”我们扩大海外市场，就可以扩大我们的生存空间，提高我们的生存质量，我们的员工要前仆后继地奔向国际市场。世界各地，特别是发展中国家，经济水平存在严重的不平衡，存在着很多机会，对于这些地区的市场开拓，我还是很有信心的。我们多一些人到海外去，在这些领域内多发展，就解决了我们公司的平衡问题。这样，虽然市场下滑，但是我们合理配置，人均效益会上去。

为了成功“走出去”，任正非高度重视培养海外人才，在这个过程中，华为编写了大量的国际市场培训教材和成功案例，还专门聘请了有实战经验的主管和专家为选拔出来的海外人才进行培训，然后将其源源不断地送到海外市场。

2001 年，正值互联网泡沫，全球电信市场一片萧条。华为的主流产品在国内市场的份额都已经超过 30%，国际巨头爱立信、诺基亚则牢牢把控着 2G 无线通信市场，华为遭遇增长的天花板。与此同时，尽管华为在国内厂商中是第一个开发出 3G 产品的企业，然而苦等 3 年，等来的却是政策主导下的“小灵通”。这种 PHS 无线技术虽然落后，却以年平均 200 亿元左右的设备市场规模，持续建设了整整 4 年，加上手机终端市场的配合，UT 斯达康和中兴这两大主要竞争对手从中攫取了非常可观的利润，与华为的差距逐渐缩小。另外，以李一男为首的华为主力大将的出走，也让华为的情况雪上加霜。

经过对市场格局的分析，任正非认为，要为华为找到过冬的“棉衣”，要在“冬天”顽强地活下去，就必须进一步深入拓展海外市场，把经过培训的大部分华为新兵派往海外开拓市场。2001 年春节刚过，任正非就在深圳蛇口光华电影院发表了题为《雄赳赳气昂昂跨过太平洋》的誓师讲话，他说：

是英雄儿女，要挺身而出，奔赴市场最需要的地方。哪怕那儿十分艰苦，工作十分困难，生活寂寞，远离亲人。为了祖国的繁荣昌盛，为了中华民族的振兴，也为了华为的发展与自己的幸福，要努力奋斗。要奋斗总会有牺牲，牺牲青春年华、亲情与温柔……不奋斗就什么都没有，先苦才能后甜。

号角在响，战鼓在擂。前方没有鲜花，没有清泉……一切困难正等着我们去克服。

随着中国即将加入 WTO，中国经济融入全球化的进程将加快，我们不仅允许外国投资者进入中国，中国企业也要走向世界，肩负起民族振兴的希望。

在这样的时代，一个企业需要有全球性的战略眼光才能奋发图强；一个民族需要汲取全球性的精髓才能繁荣昌盛；一个公司需要建立全球性的商业生态系统才能生生不息；一个员工需要具备四海为家的胸怀和本领才能收获出类拔革的职业生涯。

任正非的讲话，让这些年轻人热血沸腾，他们义无反顾地踏上了海外征程。

随着海外市场拓展的深入，任正非又开始调动大批国内市场的高级主管远征海外，包括一批副总裁、总监、办事处主任等级别的业务精英。他们到达海外市场时，之前的开路团队已经解决了市场准入问题，市场体系也已经相当完善，这就为他们创造了良好的市场基础，这些在国内市场竞争中身经百战的精英，迅速把已经开垦好的“处女地”种成了“高产田”，使华为海外市场获得了全面丰收。

进击欧罗巴，让欧洲成为“第二个本土市场”

在华为深圳总部，曾经流行过这样一句话：“要想进步快，赶快去海外。”由此可见海外市场的挑战性有多高，而在海外市场中，攻克欧洲市场，让其成为华为的“第二个本土市场”，又是挑战中的挑战，为了敲开欧洲市场的大门，华为人可谓尝尽了酸甜苦辣。

刚开始，华为在欧洲市场的战略依然是“农村包围城市”，但进展很不顺利，甚至可以说是屡吃败仗，多次被欧洲市场无情地拒之于门外，偶尔拿到一个几百万美元的订单，就足以让华为人感到兴奋。

欧洲发达国家都不缺钱，缺的是对华为的了解和信任。尽管在欧洲市场得不到认可，但任正非并没有放弃，反而是不断地持续投入，执着地“屡败屡战”，因为他深深地懂得欧洲市场的重要性：欧洲大陆是一个真正的主流市场，是一个富饶无比的“产粮区”,华为要想成为世界顶尖企业,欧洲是必须迈过去的坎。

正式对欧洲发起攻坚战，任正非首选的登陆地是法国。

2001 年 2 月,法国的 NEUF 公司准备在法国全境建设一个骨干光传输网络。这家公司制订的产品计划是：用户只需要每个月支付 30 欧元，就能享受 160 个数字频道的电视节目、互联网接入服务和传统的电话语音服务“三位一体”的超值享受。

为了搭建这个全新的传输网络，NEUF 公司已经敲定了一份供应商名单。这份名单中，最初并没有华为。然而，一个电话让事情有了转变。一家与 NEUF 颇有渊源的法国本地代理商打来电话，希望让华为也能够参与竞标。

一开始，NEUF 公司对华为并不了解，没有把握，只是因为这家代理商的竭力推荐，才同意让华为试一试。当然，华为开出的竞标条件也非常具有诱惑力，华为承诺，将以非常低廉的价格为 NEUF 公司建设最初的里昂等两个城市的网络并负责运营 3 个月，然后交给 NEUF 公司进行测评。

结果，不到 3 个月的时间，华为就建成了这两个城市之间的网络，这样的速度让 NEUF 公司很满意，而且，测评结果也证明华为完全有资格竞标。

随后，经过几年的合作与协商，华为赢得了 NEUF 公司在整个法国的光网络传输合同。

与华为的合作，为 NEUF 公司节约了至少 10% 的投资，而且获得了想要的速度。在光传输网络搭建之前，法国所有的通信市场几乎都被法国电信垄断，而现在，NEUF 公司已经成了法国电信最大的竞争对手。为什么？无非是 NEUF 公司动作更快一些、更冒险一些。当然，NEUF 公司的价格也比法国电信便宜一些。

对华为来说，与 NEUF 公司达成合作关系意义十分重大，因为这家公司本来就是一家新型运营商，所有的设备和系统都是基于 IP 的。因此，它们对华为的产品认证并不烦琐，通常 ADSL 接入设备的认证只需要 4 ～ 5 个月，数据通信产品两三个月就行了，这是双方能够一拍即合、不费什么周折就走到一起的主要原因。如今，在NEUF公司的供应商中，华为已经连续多年牢牢占据着第一的位置。事实上，这也可以说是华为在欧洲的第一个大订单。尽管在此之前，华为的光网络产品已经进入德国市场，但始终没有太大的突破。

华为进军欧洲的步伐自然不会止步于法国，任正非选定的第二个市场是荷兰。

2004年12月8日，在荷兰海牙，任正非与荷兰Telfot公司的CEO托恩·安·德·斯蒂格共同签署了超过2亿欧元的WCDM网络承建合同。作为中国当时最热衷于3G的企业家，任正非亲自打开了他心目中的3G圣地——荷兰。随后两天，兴奋异常的任正非摆起了庆功酒，请所有身在荷兰的华为员工吃中餐，平时滴酒不沾的他，甚至举起了酒杯给在场的每一位员工敬酒，以示庆祝。

任正非的兴奋是可以理解的，因为这个合同不仅意义重大，签订的过程也是费尽周折，堪称华为海外之路的一个标志性事件。

原来，这次合作最初由华为荷兰负责人首先与荷兰邮政电信部门接触，然后再通过熟人介绍给Telfort公司。华为负责人在与这位熟人沟通时发现，Telfort公司虽然早在2000年7月就拿到了3G牌照，但却迟迟没有开通3G服务。该负责人得知这一消息后，立即向华为总部请求技术援助。于是，一个月之后，华为的技术人员就上门和Telfort公司进行了第一次3G业务的交流。之后两个月，华为与Telfort公司共同制订了3G的商业计划；到了第四个月，华为已经正式向Telfort公司提交了一套为其量身定做的分布式基站方案。

快马加鞭、全力以赴地打一场“会战”是华为的特长。通过与Telfort公司的多次交流，华为人很快找到了其迟迟不上3G的症结所在：荷兰是欧洲最发达的国家之一，移动业务竞争十分惨烈，虽然只有1600万人口，但却有5家移动运营商竞争，包括沃达丰、Orange（法国电信下属公司）、T-Mobile（德国电信下属公司）、KPN（荷兰国家 KPN 电信集团）。这些世界级的大公司都拥有一套完整的 3G 服务方案，Telfort 公司担心自己没有雄厚的财力和技术，要想通过 3G 与这些对手竞争，难度非常大。另外，荷兰是欧洲人口密度最大的国家之一，政府十分注重环保。要安装新的基站和射频设备必须经过所在建筑物业主的同意，需要支付的费用甚至比设备本身的价值都要高很多。

那么，如何解开客户的症结呢？任正非和华为团队在经过深入研究后，对症下药，从荷兰的实际出发，很快研究出了在荷兰市场供推广的移动服务项目，还在原有的小基站解决方案上提出分布式基站的解决方案，使 Telfort 公司有 90% 以上的站点都可以利用原有的站点，使成本比常规方案节省了 ⅓。明显的竞争优势，使华为在 2004 年终于拿下了这个大项目。一位华为员工自豪地表示："在荷兰，我们和移动的老大（爱立信）以及固网的老大（阿尔卡特）都干过，结果都赢了。"

相比于法国、荷兰，英国是华为在欧洲市场耗资最大、耗时最久的国家。

2002 年，英国电信的电网因为使用时间太长，出现了严重的老化现象，亟须重新进行全面维修。英国电信希望从电信业发展迅猛、创新能力强的亚洲区域寻找一位合作者。当时，总共有 5 家亚洲企业入围，华为就是其中之一。

英国电信选择合作商的严格程度超出了很多华为人的想象。2003 年，英国电信派人到深圳华为总部进行考察。这次考察，并不只是停留在产品层面，而是从流程、质量管理、持续性等方面全方位地进行深度考察，考察对象甚至包括华为的很多供应商。考察过后，英国电信对华为比较满意，但还是提出了一些改进意见请华为配合修正。最终，在认真修正之后，华为开始接受英国电信的全面测试。

毕业于西北工业大学电子系的张建岗就是在这个关键时刻被派到英国的。当时，华为正在接受英国电信的全方位考验，对于拿下这个项目并没有十分的把握。作为项目负责人，张建岗深知自己肩负着重大责任。所以，尽管得到了总部的全力支持，但身处与英国电信谈判的前沿阵地，张建岗不敢有丝毫马虎。他率领全体员工发挥华为人一贯敢想敢拼、敢为天下先的精神，积极开拓，终于用行动征服了英国电信，让这个强大的电信巨头看好并接受了华为，最终顺利与之签约合作。

2004 年的华为，在遥远的英国还只是家没有丝毫名气的“小公司”，客户信任度并不高，之所以能赢得英国电信的信任，靠得是以“勤快积累人脉，技术建立信誉，创新打响品牌”。客户有需求，他们第一时间去解决。参与竞争时，他们也没有搞价格战，而是以最新技术降低成本。

在谈判期间，华为还多次邀请一批批英国业内高层到中国考察，让他们重新认识飞速发展的中国，改变固有观念。眼见为实，这些西方人士通过考量发现中国确实有高科技，华为确实有高水准。

2005 年 4 月，经过 3 年的攻坚战，华为的产品（网络接入设备和传输设备）终于获得了英国电信的认可，与另外几家国际品牌产品一起入选“21 世纪网络”的优先供应商名单。

对此，英国《泰晤士报》给出了高度评价，认为华为在英国的作为是中国企业走向国际化的一个重要标志，影响巨大。

事实的确如此，拿下“21 世纪网络”这项大工程后，德国、意大利和西班牙等欧洲国家的电信集团也相继与华为展开了合作，华为正式在欧洲市场站稳了脚跟，并逐渐使其在华为的市场版图上成为“第二个本土市场”。

挺进亚非拉，突破最艰难的市场

只盯着欧美发达国家，华为要想实现全球性战略目标是很难的，任正非对此早有认识："当我们走出去拓展国际市场时，放眼一望，所能看得到的良田沃土，早已被西方公司抢占一空，只有在那些偏远、动乱、自然环境恶劣的地区，它们动作稍慢，投入稍小，我们才有一线机会。"

为了抓住这一线机会，1997 年开始，华为就开始挺进亚非拉市场。从此以后，无论是在疾病肆虐的非洲，还是战火纷飞的伊拉克；无论是海啸过后的印度尼西亚，还是深受地震伤痛的阿尔及利亚，在几乎所有艰苦和危险的海外市场，都有着华为人奋斗拼搏的身影。

2006 年，在刚果民主共和国首都金沙萨的某一地区发生了这样一幕：

屋外枪响如鞭炮，一粒子弹射进来，弹孔在墙上，弹头掉到锅里，"当"的一声响。

这是 2006 年的刚果首都金沙萨。由于不接受总统选举落败的结果，副总统本巴的卫队与总统卡比拉的卫队发生了武装冲突。战事最激烈的时候，华为员工所在的宿舍楼被交战双方包围了起来。办事处 30 多名工作人员来不及撤离，全部被困住了。他们无计可施，只能自求多福，希望火炮不要打偏了。

事后，亲历该事件的员工还有点后怕，"如果他们稍动歪念进来洗劫，我们三十多号人就都没命了。"那一晚，他们听见炮弹在宿舍楼前的一栋烂尾楼里爆炸，觉得时间既恐怖又漫长。

上面这一幕是记者刘铮铮在《华为亚非拉市场开拓记》中描述的华为人在非洲所遇到的惊险情况。由此，我们不难想象华为在开拓非洲市场时的艰难与险恶。

不过，政局虽然动荡，刚果却是一个有着丰富自然资源的国家，铜、钴、金刚石等矿产的储量都位居世界前列。所以，即便这里充满危险，华为也依然没有放弃这个市场。

在华为之前，刚果电信市场主要的设备供应商是阿尔卡特和西门子。对手虽然先进入，却没有完全占据市场。阿尔卡特以设备融资方式进入，用很高的薪水在国际范围内招募短期雇员，主要采取工程分包的形式，这在成本上就比华为高了许多。另外，刚果的基础设施条件非常差，很多村庄都不通公路，再加上疟疾横行，所以其员工往往待的时间都不长，团队很不稳定。与此相比，华为的优势明显，一位在非洲几个国家都做过负责人的华为原员工说，开拓非洲市场时，手握几百万美元、上千万美元签单权的都是20多岁的年轻人，他们充满了活力，也充满了忍耐力，任何艰苦的地区，他们都能扎住根，这就让华为市场开拓团队比起对手来要稳定许多。

按照资金和技术实力，诺基亚、爱立信、阿尔卡特等本来都可以让电信网络在非洲市场迅速膨胀，但它们并没有做到，这就给了华为机会，1999年前后，在加速海外之路的时候，华为的大量营业收入其实就是来自最艰苦的非洲地区。

华为在非洲市场上发展迅速。2003年12月底，华为与埃塞俄比亚电信公司签署了产品交换合同，交易金额超过了2000万美元。2005年，华为在尼日利亚承建了南非建设最长的国内传输网。2006年，华为在毛里求斯承建了非洲第一个3G商用局。2007年，华为在南非的销售额超过了10亿美元。不到十年，华为就基本上覆盖了整个非洲市场。

除了非洲，在战火不断的中东地区，也能看到华为人的身影。不过在中东地区，华为采用的市场策略则不同于以往，因为文化差异和宗教信仰的关系，华为在开拓中东市场时，展示更多的并非“狼性”，而是一颗包容之心。

比如沙特阿拉伯，这个国家石油资源充足、外汇储备雄厚，有着高福利的社保体系，教育、医疗全都是终生免费。沙特阿拉伯的男性，家庭观念非常强，更重视与家人待在一起的时间，工作是放在第二位的。而且，沙特阿拉伯还是一个纯粹的伊斯兰国家，国民们每天都要做祷告，一到祷告日，还要集体去清真寺祷告，结束后才回来继续工作。

对此，华为沙特阿拉伯分公司的中方外派人员入乡随俗，十分重视当地人的习惯，在沙特阿拉伯的人才市场上树立了很好的口碑，招募外籍雇员的工作进展得也很顺利。

“9・11”事件之后，阿拉伯国家对中国的态度普遍友好，华为在中东地区的业务也因此迎来了一个发展良机。

2007 年 7 月，华为与沙特阿拉伯科技城决定加强双方在电信科技研发和人员交流培训等领域的合作，为此，还专门签订了一份“谅解备忘录”。通过此次合作，在电信领域，沙特阿拉伯将借助华为丰富的专业经验扭转自己以往专业人才匮乏的局面，同时为推动双方在未来的长期合作打下基础。

沙特阿拉伯拥有麦地那和麦加两大伊斯兰教圣城，每年 12 月前后的麦加朝圣是全球瞩目的宗教活动。在此期间，有接近 300 万人会使用国际、国内通话及短信服务，包括运用先进的视频通话技术。巨大的数据传输对硬件设备和网络服务都提出了极其严格的要求，因而这是一个难度非常大的通信保障项目。2005 年以前，朗讯、阿尔卡特、爱立信三大海外电信巨头都承担过这一项目，但最后的结果都不理想。2005 年，华为开始接手一部分任务，2006 年基本全部接手，2007 年，华为继续承担这一项目，并顺利完成。连续三年的优异表现，让华为在沙特阿拉伯的电信市场正式确立了主导地位。到目前为止，沙特阿拉伯已经成为华为在中东地区最大的销售市场，华为在沙特阿拉伯绝大多数电信领域都占据了绝对领先的市场份额，其一线品牌的地位已经稳固。

除了非洲与中东，华为的产品在亚太地区也已经获得了广泛应用，并成了该区域的主流供应商之一，应用国家包括印度、印度尼西亚、泰国、孟加拉国、柬埔寨和尼泊尔等。2013 年 7 月，在新加坡举行的亚洲通信大奖颁奖典礼上，华为连续 3 年被评为“年度最佳供应商”，并凭借在马来西亚的 LTE 创新项目荣获“年度最佳项目”大奖。这再次表明了华为的通信产品在亚太地区的领导者地位，以及业界对华为在 LTE 技术创新和市场商用上持续贡献的认可。

在拉美市场，华为也取得了决定性胜利。华为进入拉美市场较早，1997 年就已经在巴西建立了合资企业，但因为拉美地区经济环境持续恶化以及北美电信巨头占据稳定市场地位，直到 2003 年，华为在拉美地区的销售额还不到 1 亿美元。不过，2004 年以后，华为在拉美市场的发展开始有了质的变化，并取得了决定性胜利。2004 年 2 月，华为成功获得巴西最大的数据和长途运营商 Embratel 的下一代网络项目，一举签订了超过 700 万美元的合同。2005 年 6 月，华为技术产品在阿根廷成功实现商业运营。在巴西和阿根廷两大市场站稳脚跟后，2006 开始，华为在拉美进展神速。目前，华为已成为拉美市场的主流通信企业。

正所谓十年磨一剑，在长时间的奋斗和坚持下，华为先后进入亚非拉几十个国家的通信市场，成功树立了自己的品牌，为问鼎全球通信业宝座奠定了最宽广的市场基础。

拒绝机会主义，海外市场绝没有退路

机会主义，在商业上也被叫作投机主义，就是为了达到目标而不按规则做事，甚至是不择手段。机会主义的最高追求是实现自己的目标，以结果为导向，而不重视过程，假如说它也是有原则的，那么它的最高原则就是“成者王败者寇”。按照列宁的说法：“机会主义是牺牲根本的利益，贪图暂时的局部的利益。”

1995 年开始，华为就开始了国际市场拓展的征程，而这种征程是在“屡战屡败、屡败屡战”中不断完成的。对华为而言，国际化是一个长期投入的过程，是真真正正的投资，目标明确，与“只想捞一把就走”的投机公司有着本质的区别。

华为决定进军海外之后，提出了一系列打开海外市场的战略方针，其中有一条就是任正非所说的，“海外市场，拒绝机会主义”。任正非表示：

> 通信行业是一个投资类市场，仅靠短期的机会主义行为是不可能被客户接纳的。因此，我们拒绝机会主义，坚持面向目标市场，持之以恒地开拓市场，自始至终地加强我们的营销网络、服务网络及队伍建设。

机会主义者在中国非常多，就像在股票市场，很多人都抱着“赌一把”的心态，缺乏脚踏实地的做事态度。在不成熟的市场环境下，机会主义者为了达到目的不择手段，很多中国企业并不专注于自身核心竞争力的提升，而是想方设法通过一些非正规化的捷径达到目的，其获得的“成功”更是逐利者对机会主义的热情。但是，这一套在海外市场根本行不通，要想在海外市场打出一片天地，没有实打实的真本事是难以实现的。

其实，任正非拒绝机会主义的作风由来已久。创办华为后不久，邓小平南行，并发表了著名的“南方谈话”，中国经济由此进入高速增长阶段。但因为投资速度过快，规模过大，导致经济过热。其中，炒股狂潮和房地产热就是两种非常典型的现象，许多人着了魔般地投入到炒股中，而很多企业则对房地产投资极其痴迷，但任正非却始终不为所动，拒绝一切他认为是“机会主义”和短期投机的东西，脚踏实地，走实业之路，最终换来了华为的崛起。

在国内市场，早期的华为是凭借着较高的科技含量和价格上的优势来赢得发展，通过降价和客户公关来保障自己的产品销量。然而，要想走向国际化，与国际接轨，仅仅靠这些是行不通的。在海外，尤其是西方发达国家，想依靠产品以外的因素拿到订单基本上是不可能的。因为西方发达国家的产品技术本就是一流的，低价和关系在那里也没有市场，外来者要想进入，只有拿出最出色的技术、最优质的产品，所以，“机会主义”是行不通的。

当时，任正非心里非常清楚，华为还没有达到超一流设备供应商的水平，所以他坚决杜绝“全面撒网”的做法，认准一个市场，精耕细作。任正非认为，在海外市场，无目的地四处投资只会加重企业的资金负担，到处放款的做法只会让客户觉得这家企业只是不十分可靠的二流企业，丢掉冒进和投机，华为才可以在海外市场上稳步前进。

正是基于以上分析，在进军海外市场的时候，任正非就制定了与国内市场有所不同的政策，要求被派驻到海外的员工一定要本着实事求是的原则，在技术和生产上不能有半点马虎，要把每一个研发和生产步骤做到精确，要有强烈的责任心和原则性，要有把市场做大做长远的决心，拒绝机会主义，要用实力赢得海外市场。

华为在俄罗斯市场的成功就是拒绝机会主义的典型代表。

苏联解体后，俄罗斯经济开始陷入大萧条，这对以产品低价和质量取胜的华为来说，是个打进其市场的天赐良机，但“瘦死的骆驼比马大”，俄罗斯的工业基础依然雄厚，通信技术的先进程度可媲美美国，他们打心眼里就瞧不上中国的产品，认为是“山寨”的代名词。俄罗斯一名大型企业的负责人直言不讳地表示：“俄罗斯根本不会用任何新的交换机，更不可能与华为合作。”与此同时，因为政局不稳和亚洲金融危机的影响，俄罗斯整个电信业处于停滞状态，负责的官员如同走马灯一般换来换去，这更给华为的市场拓展造成了困难。

1996 年，华为第一次参加俄罗斯的电信展，就意识到这个国家蕴藏着一个巨大的市场——电信普及率很低，而市场需求却很大。特别是普京执政之前，因为俄罗斯卢布贬值及证券、金融等行业的问题，众多早先进入俄罗斯市场的跨国公司都陆续退出，对该市场停止投入。不过，任正非并没有被这些表面现象迷惑，他认为这正是百年一遇的良机，俄罗斯市场早晚都会回暖，到那时，谁先占领了市场谁就拥有绝对主动权。

1998 年，华为开始更加积极地开拓俄罗斯市场，并成功拿到了第一份销售合同——几个电源模块的交易，合同金额为 38 美元。“高兴中更多的是凄凉”，时任华为独联体地区总裁的李杰回忆起当时的心情，这样说道。随后的一场因政局不稳定而引发的金融危机，让俄罗斯整个电信业都因此而停滞。在这种情况下，华为只能选择等待，用李杰的话说，华为“由一匹狼变成了一头冬眠的北极熊”。华为没有放弃，继续坚守在俄罗斯，并持续加大投入。1999 年开始，俄罗斯经济开始出现复苏，华为也开始迅速组建起当地的销售团队，将员工进行培训后再送往俄罗斯各个地区。另外，华为还通过不同的拜访，结识了一批俄罗斯电信行业的管理人员，在频繁的沟通中，建立了解和信任，从而形成了最主要的客户群。

坚持终有回报，当俄罗斯经济出现明显的回暖后，华为果然赶上了俄罗斯政府新一轮采购计划的头班车。2000年起，华为在俄罗斯的销售额每年以100%的速度增长；2001年，华为与俄罗斯国家电信部门签署了上千万美元的设备供应合同；2002年底，华为又获得了俄罗斯超长距离光传输干线订单。华为在俄罗斯的名声渐起。2003年，华为在独联体国家的销售额一举突破3亿美元大关，位居独联体市场国际大型设备供应商的前列。

华为在俄罗斯的成功的确不易，其中最重要的一条经验就是拒绝机会主义，深耕细作，长期坚持。而拒绝机会主义从此也成为华为海外之路的一个鲜明特色。

打造一支能在枪林弹雨中成长的海外团队

德国著名经济学家马克斯·韦伯说过，任何一项伟大事业的背后，必然存在着一种无形的精神力量。华为经过30年的发展，从最初的小作坊发展成今天的跨国企业，始终都具有一股强大的精神力量——执着、坚守、永不放弃。

“火车跑得快，全靠车头带”。要让士兵冲锋陷阵，军官首先就要能身先士卒，军人出身的任正非也保持着这一优良传统，他既是指挥千军万马的统帅，也是时常冲锋在第一线的战士。和华为海外团队的普通员工一样，任正非也频繁地出行于亚非拉各国，在听得见炮声、遇得见危险的地方指挥“战斗”。

有一次，任正非出差，飞机起飞12分钟后，出现剧烈的颠簸，几乎是以直线向下俯冲，剧烈的震动让任正非的心提到了嗓子眼，全身肌肉都在发紧。这时，乘务员发出紧急通知：本次航班出现故障……几分钟后，飞机迫降在首都机场，任正非长出了一口气，自言自语道：“谢天谢地！总算又活过来了。”

十几天后，同样的惊魂之旅又在任正非身上重演了一次，这次是发生在从开罗飞往多哈的航班上。当时，正在飞行途中的飞机突然开始不停颠簸，忽上忽下，好像是驾驶舵失灵了，场面令人揪心……这趟航班最后在开罗机场迫降成功。坐在候机室的长椅上，任正非一阵后怕，就想取消前往多哈的航班，一位同行者说："生命十分脆弱，要珍惜当下，活好每一天！"这句话让任正非想到了那些在海外艰苦环境中打拼的华为员工，于是，他坚定地买了下一趟航班的机票，继续这次出行。

作为华为的统帅和灵魂人物，任正非在海外出行尚且险情不断，华为的海外员工就更不用说了，他们经常冒着生命危险在异国他乡奋斗，经历的成长故事可以说是华为奋斗精神的一种真实写照。下面是一名华为驻非洲乍得的业务代表的亲身经历：

到了乍得项目组后，我就经常听大家说起这个国家的第二大城市阿贝歇——一个战火不断的城市……乍得国内的形势和伊拉克比较相似。

公司在这里的客户准备在阿贝歇建网点，但因为安全问题一直拖着，不过，客户承诺将来施工的时候会让军队保护，因此，我们也就没有太过担心安全问题。

客户催得很急，阿贝歇地区已经有两个站点可以安装。我需要带队马上动身，然而，客户之前答应的军队保护到现在也没有动静，估计是指望不上了。没有军队保护，没有防护措施，一切都没有时间准备，我们得迅速前往阿贝歇。我们坐一辆皮卡车，客户坐一辆皮卡车，车上满载着食物、工具，加上我和大飞、小志、老袁（均为化名）以及四个本地黑人队员，我们一大早就出发了。

非洲的天气一直都是热的，刚过 9 点，就感觉一阵阵热浪向车窗扑了过来。我们的皮卡车驾驶室算上司机也只能挤得下三个人，剩下的人都坐在后车厢里，和工具一起在烈日底下暴晒……中途，我们停下来休息，看到坐在车厢的五个人，我想笑却笑不出来：大飞和小志的头上都包着衣服，远看就像个包着头巾的大姑娘，但脸上却有红有黄，连眉毛都黄了，全是路上扬起的黄沙尘。黑人马丁的黑脸就像涂了一层白灰，我开玩笑说：这下子你的脸白了许多。大家都又饿又渴，可根本没有人想吃东西，水也不敢猛喝，因为喝多了，肚子会很撑，更难受。到了正午，地面的温度高达50多摄氏度，我真不敢想象，车厢上的五个人是怎么挺过来的。

我们好不容易开到了离阿贝歇还有500公里的蒙戈，这是当地一个相对较大的镇子……在这里吃饭，有时很难讲卫生，所以看到汤里的小树枝，我们也见怪不怪，挑出来后，已经饿了一天的我们抓起面饼，也不管里面有多少沙子，拌着羊肉汤就吃了下去。四个中国人中，大飞吃得最多，结果快到睡觉时间了，他还在闹肚子。后来，直到回程，大飞在路上都只是喝水、吃饼干，羊肉汤是再也不敢喝了。

越往前面走，天气就越热，因为更接近沙漠了，而且还有山阻挡了空气流动，天气热得我感觉嗓子都要喷出火来了，鼻子也开始流血。走到离阿贝歇还有100公里左右时，路况更加险恶，简直和在沙尘暴里行走没什么两样，司机甚至打开了雨刷来刷前挡风玻璃上的沙尘。

经过两天左右的颠簸，我们终于在这一天下午3点多钟到达了阿贝歇……感受着这个被战火洗礼过的城市残留的那些硝烟气息，我们都小心翼翼，生怕惹上麻烦，但还是被警察拦住了。我对这里的黑人警察非常鄙视，他们几乎都是想要钱的。我们让司机去和警察交涉，剩下的人远远地等了将近20分钟，警察才允许我们通行。

找遍全城，我们最后只找到两处“旅馆”。之所以打引号，是因为我根本不确定是否应该叫它们旅馆，因为其中一个只有两间大房子和几个地铺，连窗户都没有，门外还有铁栅栏；白天屋子里非常黑，到了晚上，蚊子多的都能开个蚊子大会了。另一家倒是在门口写着“酒店”字样，但客房也就是一排草房子，每个房间每天要 60 多美元，这简直是宰人！而且每个房子都很小，里面只能睡一个人。当时我们一共八个人（不包括客户），一人一间的话，预算就要严重超支了。我当时想直接睡到基站上去算了，但是一起来的客户告诉我们基站很不安全，没有办法，我们只能安排黑人兄弟住进了第一个旅馆，我们四个则住进了这家价格相当于国内四星级酒店的“豪华旅馆”。

在站点干活的时候，战斗机就从我们头顶飞过；在离这个城市 100 千米的地方，战争正在发生，夜里睡觉的时候，我们都能清晰地听到远处的炮火声。那一刻，真的感觉自己就像在一场战争电影里，一切就是在做梦。

用了三天时间，我们完成这两个站点的安装。幸运的是，在我们工作的这段时间，阿贝歇没有出什么大的乱子。

读到这篇文章后，任正非非常感慨：“华为不能没有英雄啊！”就是上面这个组，在极其危险且十分艰苦的环境里，只用 5 天就完成了其他同行要用半个月才能完成的艰巨任务，任正非称赞他们有“上甘岭精神”，并要求《华为人》报开辟专栏，专题报道奋战在海外的华为团队。

其实，上面这位华为员工的经历只是华为海外团队的一个缩影而已，在华为内部刊物《华为人》第 182 期（2006 年 12 月）上，一篇题为《实事求是的科研方向与二十年的艰苦努力——在国家某大型项目论证会上的发言》的文章更加全面地披露了华为海外员工的艰辛：“有员工在国外遭歹徒袭击头上缝了三十多针，康复后又投入工作；有员工在宿舍睡觉，半夜歹徒破门而入拿枪顶着我们的员工进行抢劫；有员工在恐怖爆炸中受伤，或几度患疟疾，康复后继续坚守岗位；在一些国家，我们有 70% 的中国籍员工得过疟疾；我们还有三名年轻的非洲籍优秀员工在出差途中飞机失事不幸罹难，永远地离开了我们……”

为了打造一支能在枪林弹雨中成长的海外团队，华为不仅在精神上予以鼓励，在物质上也给出了丰厚的待遇作为回报：除了每个月最少 6000 元人民币的基本工资，每天还有 40~100 美元的生活补助，具体补助数额根据工作环境来定，一年下来，每个海外员工的收入一般都在 30 万元人民币以上，而且，年底还有至少 5 万元人民币的年终奖。

精神上的积极鼓励和物质上的丰厚待遇，让华为海外团队在艰苦异常的环境中创造了一个又一个市场奇迹：让西伯利亚的居民收到了手机信号，让乞力马扎罗山的登山客能够找人求救。海拔 8000 米以上的喜马拉雅山，零下 40℃的北极、南极以及穷苦的非洲大地，也都能有华为员工的足迹。

第 8 章

高瞻远瞩，积极应对美国的打压

“华为要向美国学习的就是开放，用广阔的心胸融入这个世界，才会有未来。

“中国越强大，美国就越打击。打击不是抽象的，看好一个苗头打一个。其实美国打的不是华为，是中国。

“总有一天我们会反攻进入美国的，什么叫潇洒走一回？光荣走进美国。

“美国的压制是很强大的，客户的信任其实更强大。”

以夷制夷，华为向美国人民学习什么

中国人是最善于学习的，“以夷制夷”“他山之石，可以攻玉”，是早已有之的古训，任正非也说过，“学习别人并不是为了跟在他们屁股后面”。

任正非内心十分清楚富含创新性的产品在全球化浪潮中的强大力量！在知识、技术迅速发展、日新月异的时代，这是谁也封杀不了的！因此，华为只有做到自身强大，才能够最终征服海外市场。

一直以来，任正非都在考虑华为和美国企业的差距，对比着双方的不同，他甚至希望华为能够复制美国那些伟大企业的成功。为此，任正非总结了许多美国成功的经验，并将其写成了一篇数千字的文章——《我们向美国人民学习什么》。在这篇战斗檄文式的文章中，任正非对美国有着多方面的感叹，也指出了华为应该学习些什么。

首先是学习美国人民前赴后继的创业精神与风起云涌的创新机制。

任正非说：“我去过美国很多次，美国人民的创新机制与创新精神留给我很深的印象。他们连玩也大胆创新，一代代人的熏陶、传递，一批又一批的不同移民文化的冲击、平衡与优化，构成了美国的创新文化。”

任正非认为，越来越多的科技英雄的涌现与消亡，都为推动美国的科技进步做出了贡献。美国占据了世界 60% 的电子市场，信息潮的变幻莫测，使一批一批的大企业陷入困境，以至消亡；一批一批的小企业，成长为参天大树，大树又遭雷劈。不断地生，不断地亡，这是信息产业的特点。

由此，任正非确认：华为由于幼稚不幸进入了信息产业，后退就是死亡，被逼上了不归路，创业者及继承者都在销蚀健康，为企业生存与发展而顽强奋斗。华为应尊重那些美国前辈，学习他们，批判地继承他们。

其次是学习美国人民优良的企业管理。

任正非这样写道："我们在 IBM 整整听了一天管理介绍，对它的管理模型十分欣赏，从早上一直听到傍晚，一点不觉得累，听得津津有味。后来我发现朗讯也是这么管理的，这些管理方法都源自美国哈佛等著名大学的一些管理著述。圣诞节美国处处万家灯火，我们却关在硅谷的一家小旅馆里，点燃壁炉，三天没有出门，开了一个工作会议，消化了我们访问的笔记，整理出一厚沓简报准备带回国内传达。"

这一时期的华为，虽然还没有经历 IBM 那种大企业病的痛苦，但公司上下已经出现了一些不好的苗头。任正非认为，只有加强管理与服务，才有生存的基础。这就是华为要走规模化、搞活内部动力机制、加强管理与服务的战略出发点。

在迅速扩张的过程中，管理不善是非常严重的问题，华为一直想了解世界大公司是如何管理的，在这方面，IBM 给了华为真诚的介绍。任正非说："我们只有认真向这些大公司学习，才会使自己少走弯路，少交学费。IBM 是付出数十亿美元直接代价总结出来的，他们经历的痛苦是人类的宝贵财富。"

再次，从美国人民身上懂得机会是企业扩张的动力。

在任正非看来，IBM 的宗旨是技术领先战略，贝尔实验室更是如此。所有美国高科技公司的宗旨无不是如此，没有一家公司提出跟在别人后面，模仿的战略是不会长久的。

当时，IBM 每年投入的研发经费约为 60 亿美元，其他各家大公司的研发经费也都为其销售额的 10% 左右，美国企业以此创造机会。而当时中国企业在这方面比较落后，对机会的认识往往有些滞后，在机会已经出现以后才做出正确判断，抓住机会，获得了成功，华为就是如此。在任正非的印象中，已经走到前面的世界著名公司，都是靠研发创造出机会，引导消费，才在短时间席卷了“机会窗”的利润，又投入资金创造更大的机会，这是它们比华为发展快的根本原因。1998 年，华为的研发经费超过了 8 亿元人民币，并开始搞战略预研与基础研究，但因为很多东西都不懂，反而造成了内部的混乱，因此，任正非强调学习美国企业重在学习管理。

与美国先进企业相比，中国企业在研发上整体落后。对机会的认识也经常是在机会已经出现以后。正因为是这样，任正非当时才会在文章中指出：利用研发掌控机会窗，是美国企业发展迅速的根本原因。我们应该向其学习小公司是如何抓住机会向规模化转变，是怎么走出混沌的。

最后，向美国人民学习艰苦奋斗精神和忘我奉献精神。

多年来，因为工作的关系，任正非接触过相当多的美国科技人员，他发现，由于一种机制的推动，非常多的美国人都十分敬业，苦苦地追求着成功，这是一种普遍现象，而非个例。

任正非还举了两个典型的例子：

例一：自负甚高的 IBM 高手，都会被派到“棒子杰克”的部门去工作。由他来考验他们，这是过关的必经之路。“棒子杰克”因为严厉，使其真名伯特伦反倒不出名。许多人都对他恨得牙根痒痒。他每天只睡三四个小时，有时会半夜三点起床到他管辖的某个工厂去逛逛，看看有什么问题，任何人的汇报都瞒不了他。他的工作方法曾经妨碍过他的晋升，但长久以后他还是获得了应有的地位。

经过多年不断地伤人感情，人们已开始接受他的时候，他生病了，已经时日无多。56岁的他躺在病床上，仍不断地批评工作，说IBM发明了工作站，让别人去创造了这个工业，自身却因官僚体系与惰性愚蠢地错失了机会。IBM非改不可。

他的上司屈勒到医院去看他，看到他用人工器官呼吸，可能活不了几天了。令上司大吃一惊的是，伯特伦临死也不忘IBM的改革，这时还推荐赫勒主持工作站的工作。赫勒是IBM的离经叛道者，最野的野雁。

例二：伯兰是IBM企业联盟构想的提出者，后来企业联盟成长为拥有几百人的部门。企业联盟的工作方法是先不派销售人员去客户那儿推销硬件，而是派一批程序员去与客户沟通，了解客户的需求，按客户的要求在30～90天制作出一些客户需要的软件，这给客户留了下很深的印象，客户在买机器时，一定会先想到IBM。由于IBM不断提供帮助，客户的消费标准已被引导到IBM的标准上来。客户都想找企业联盟，而数十个部门又不归伯兰管。他的位置像没有内阁职位的政务委员一样，由于IBM的组织庞大，经理十分多，推进十分困难。他警告IBM如果想保持史无前例的成就，最好全面改革。

随后伯兰病倒了。50岁时，他患了脑癌。医生开刀后，发现癌细胞已扩散。他躺在病床上，让人在病房装了一台终端，每天花好几个小时追踪他的计划进度，发出几十封到几百封电子邮件。临死前，他说了一句："我动弹不得，就像IBM一样。"

任正非指出，假如我们以狭隘的金钱观来认识资本主义世界的一些奋斗者，就理解不了比尔·盖茨成为世界首富后，每天还工作十四五个小时的不间歇的努力。不带有成见地认识竞争对手，认真向他们学习好的东西，才有希望追赶上他们。

在《我们向美国人民学习什么》一文中，任正非既指出了美国企业值得学习的地方，但也透露出一种精气神，就是美国企业既是华为学习的对象，也是华为超越的对象。字里行间中，任正非已然表明，善于学习的华为会成长得更好，会抓住时代的机遇，一举成功。不过，恐怕当时的他肯定没有想到，从那之后近 20 年里，华为对美国的征服之路充满了艰辛，以至于今时今日，依然没有彻底打开局面。

挑战美国“电信巨人”思科

对于美国这个超级大国，任正非心仪已久。早在 1993 年，华为就在硅谷建立了芯片研究所；1999 年，又在达拉斯开了第二家研究所，专门研究美国市场和产品。

“9・11”事件之后，为了恢复被破坏的数据，美国的美洲银行、花旗银行和摩根大通三家银行在世界各地建立备份系统以及构建全球网上银行等业务。2001 年，三大银行采购的数据通信产品价格高达 12 亿美元，由此，任正非认为通过路由器等三大银行急需的产品大举进攻美国市场，对华为来说无疑是一个非常好的机会。

然而，任正非心里也有隐隐的顾虑，要进入美国市场，华为首先要挑战的就是全球“电信巨人”思科公司。

毫不掩饰地说，思科是全球财富之神，也是互联网产业巅峰的代表。它颇有亚历山大大帝的气势，从 1990 年起，接连战胜了三代竞争对手：第一代竞争对手几乎已被全部干掉，只剩下元气大伤的 3COM 公司；第二代，思科打败惠普、康柏，最后以买下 IBM 的网络事业部结束竞争；第三代对手是传统电信运营商，包括西门子、北电网络、阿尔卡特和朗讯。

1999 年，华为首次介入数据服务器业务，就此在国内展开了与思科的交锋。一年之后，华为在这个领域的市场份额已经和思科并驾齐驱了，成为思科在国内最大的竞争对手。

2002 年 6 月，华为产品在美国亚特兰大举行的电信设备展上首次亮相，其产品性能与思科产品相当，但价格却低了 20%~50%。在美国市场，华为打出的广告是："唯一不同的就是价格"，广告的背景是金门大桥。金门大桥是思科的标志，华为的这一行为直接刺激了思科。

在思科看来，在中国市场输给华为这个后来者还情有可原，但美国本土是自己的大本营，岂能再让华为染指？与此同时，美国许多不怕把事情闹大的媒体也火上浇油，以"中国的电信巨人华为"为标题大肆报道，其他许多西方媒体也纷纷发表文章，强调华为对思科的威胁。忍无可忍的钱伯斯（思科总裁）将华为列为思科在全球范围内的第四代对手，准备予以强烈反击。

之后，思科在公司内成立了名为"打击华为"的工作小组，还在其企业内部网上设立专门的板块，让思科的全球员工提出与华为竞争的办法。

2002 年底，思科全球副总裁从美国来到华为总部，正式提出华为侵犯思科知识产权的问题。这位副总裁代表思科提出的要求有：承认侵权、赔偿、停止销售等。

面对这种情况，久经战场的任正非并没有慌张，而是让华为研发人员成立了一个技术小组，对华为产品进行了一系列检查，根据检查，任正非提出了一个方案，就是华为可以停止在海外销售有争议的路由器产品，但对于软件方面的侵权指控则断然否认。

任正非抱着息事宁人的态度处理这件事，但这显然不符合思科的要求，最终思科副总裁甩袖离去。

2003年1月，一场谋划已久的诉讼案终于到来了。在美国得克萨斯州的马歇尔联邦法庭，思科正式对华为涉嫌侵权的行为提起诉讼，并向法庭提交了长达77页的诉状，指控罪名达21项，包括专利、版权、不正当竞争、商业秘密等。这是华为首次面对大型的跨国诉讼，也是当时华为海外之路遇到的最大挑战。

自从思科副总裁甩袖离去之后，任正非其实已经对这场诉讼有所预料，但他没有想到思科的反击会来得这么快，所以才幽默地表示："这是思科送给华为的一个意外的春节礼物。"

虽然任正非的态度依然轻松，可事实上，明眼人都知道这场官司的重要性，假如思科胜诉,那么华为长期在美国市场的苦心孤诣就将是"竹篮打水一场空"。不仅如此，还将影响整个中国产品在美国市场的发展。

在重重压力之下，任正非并没有自乱阵脚，也没有被一些"激进"的言语干扰，在分析完利害关系后，他对如何应对这场官司提出了指导思想："敢打才能和，小输就是赢。"

任正非非常清楚，获取赔偿并不是思科的目的，思科真正想要做的是通过诉讼遏制华为在美国的发展，甚至直接将华为踢出局，以保住自己在美国一家独大的地位。

因此，在具体战术上，任正非又从三个方面对思科的应诉进行了反击布置：

（1）用法律应对的方法和策略；

（2）按照美国人的方式做事情；

（3）重视舆论领域的战斗。

随后，华为马上成立了由郭平、费敏、洪天峰等数位副总裁领导，知识产权数据产品研发、市场、公关等部门共同参与的"应诉团队"，乘飞机前往美国。

负责这次应诉的总指挥是郭平，在离深赴美时，他走得很匆忙，带的行李也很少，没想到这一去就是半年。

就此，华为和思科开始了一场长达一年半的官司。

2003 年 3 月 17 日是这场官司的第一次开庭日，在此之前，在舆论上，双方已经展开了一场全方位的较量。

一开始，准备充分且具有主场优势的思科咄咄逼人。钱伯斯出色的交际才能和天花乱坠的口才，使思科很快赢得了舆论的强大支持。不只是在美国，就连中国的舆论，也被思科在一定程度上公关了——当时，中国有不少知名媒体都站在思科的一边。

与思科相比，向来神秘低调的华为在舆论支持上却大打折扣。在当时的美国人民看来，中国制造缺乏核心技术，完全不可能制造出高科技产品，即使有，也肯定是靠侵权制造出来的。美国最著名的几家财经媒体，甚至在官司刚一开始，就对华为侵权做出了盖棺论定的报道。这些媒体还怀疑，华为之所以没有上市，是因为其股权有着不可告人的秘密。

面对思科所发动的强有力的舆论攻势，华为一时之间非常狼狈。与此同时，思科在通信设备市场上的造势也很猛烈。每当法庭有对华为不利的消息时，思科全球新闻发言人就会在第一时间将其公布给媒体，而思科的客户经理也会以最快的速度告知全球客户，并威胁他们不要购买华为的产品，否则很可能就会带来连带赔偿的麻烦，这导致全球其他地区的很多客户都暂停了与华为合作的项目。不仅如此，就连华为在美国的公关公司和代理律师对华为也存在偏见，先入为主地认为华为有错。

在舆论上，思科取得了压倒性胜利，华为则处处被动挨打。不过，华为也不是一无所获，在此过程中，华为学到了很多以前无法学到的东西，最重要的一点就是要打破以往低调的作风，积极主动地走上前台去展示自己。

一方面，华为努力和美国政府保持沟通，另一方面又积极和在美国很有影响力的民间团体接洽。Lobby 公司是美国一家由退休政客成立的公司，华为试图通过这家公司来消除美国业界对华为的偏见，并让他们了解思科是在通过诉讼来达到垄断美国市场的目的。与此同时，华为还积极地与《财富》《华尔街日报》等媒体主动沟通，争取舆论的支持。

在开庭之前，通过律师的介绍，华为又将斯坦福大学教授、数据通信专家丹尼斯·艾莉森请来，请他以第三方专家的身份参观华为研发流程，并对思科 iOS 和华为的 VRP 平台两个版本进行对比分析。结果是，华为的 VRP 平台有 200 万行源代码，而思科的 iOS 则用了 2000 万行，其中华为 VRP 旧平台中仅有 1.9% 与思科的私有协议有关。丹尼斯·艾莉森由此指出，200 万行的华为软件根本不可能去抄袭是自身 10 倍大的思科软件。

第一次庭审开庭后，华为紧紧围绕私有协议答辩。通过丹尼斯·艾莉森的证言，华为集中攻击思科利用私有协议垄断市场的做法。随着这次公开亮相和舆论上的发力，外界对华为的偏见逐渐消除。

不过，第一次庭审之后，华为总体上还是处于劣势。幸运的是，一个让华为绝地反击的机会出现了，就是华为和 3COM 的合资公司将于 3 月 20 日宣告成立。这家合资公司将来要在美国共同经营数据通信产品的研究开发、生产和销售业务。

华为与 3COM 的联手，让思科感觉到了极大的威胁。思科明白，这时的华为已经不再是孤军奋战，面对联合的力量，它或许应该做出让步了。

2003 年 3 月 26 日，第二次庭审展开。这次，华为请来了 3COM 公司的总裁克拉夫林出庭作证，克拉夫林以自己的名誉担保，向法庭表示：华为的技术和实力是完全值得信赖的。在法庭之外，克拉夫林还告诉美国媒体："华为的工程师都具有相当天赋，他们在宽大的办公室里操纵着最新的设备和软件，他们拥有我所见到过的最先进的机器设备。"

在双方反复举证，并进行两次听证会后，2003 年 6 月 7 日，法庭正式驳回了思科申请下令在美国禁售华为产品等请求，拒绝了思科提出的禁止华为使用与思科操作软件类似的命令程序。但又颁布了有限期的禁令：在存有争议的源代码鉴定结果出来前，暂停华为产品在美国的销售，鉴定期限为 6 个月。

据此，华为与思科也签署了一份官司暂停的协议。2003 年 10 月 1 日，双方律师对源代码的比对工作结束，结果证明华为的源代码是“健康”的。这时，华为一方的心才落了下来，毕竟在此之前，华为根本就没看过思科的源代码。

2003 年 10 月 2 日，思科与华为达成初步和解协议。2004 年 7 月末，双方签订了最终和解协议。至此，一场震惊全世界的跨国官司以双方都比较体面的方式宣告结束。

这场官司让华为遭遇了巨大的危机，但在官司结束后，华为也因祸得福，由此名声大振，在全球范围内迅速提高了知名度，加快了海外之路的步伐。与此同时，这场官司也向世界表明，中国还有一家叫华为的企业，敢与美国电信巨头叫板。

2003 年的这场知识产权诉讼官司结束之后，华为依靠自主研发，多产品多领域齐头并进，与思科在电信网络产品市场展开了全方位竞争。当华为重新在企业市场上向思科发起正面挑战时，华为对研发的持续投入及在专利方面的成果，给思科造成了空前的压力。

事实上，思科一直把华为当作最可怕的对手，即使在公开场合也对此直言不讳。早在 2007 年 4 月，在谈到竞争对手时，钱伯斯就将华为与谷歌、微软和阿尔卡特并列。2010 年 3 月，钱伯斯在一次记者招待会上回答关于竞争对手的问题时，依然强调华为，并且连续强调了三遍。

当然，华为也为这场官司付出了惨重的代价。因为思科的“私有协议”以及美国本土强大的贸易壁垒等多方面因素，华为在美国市场可谓举步维艰。迫于各方面的压力，任正非不得不暂缓对美国市场的进攻。

封杀华为：美利坚的利益图谋

华为虽然暂缓了美国市场的拓展，但却没有就此放弃，而是一直在寻求突破的机会。然而，就在这一时期，3COM 这个在危机时刻向华为伸出援手的合作伙伴出了问题，因为经营上的种种原因，最后不得不出售其主营业务。因为与华为合作良好，3COM 认为，假如自身的主营业务能被华为收购，那就是最理想的结果了。

2007 年 9 月，华为联手国际私募巨头贝恩资本以 22 亿美元现金发起收购。根据协议，贝恩资本将收购 3COM 超过 80% 的股权，华为收购其余股权，并与 3COM 建立商业和战略合作伙伴关系。最终，华为将持有 16.5% 的 3COM 股份。

3COM 董事会批准了这份收购协议，这本来是一件皆大欢喜的事情，却被 8 名美国议员搅了局。他们提出了一项议案，认为此次收购威胁到了美国的国家安全，证据是美国情报部门向美国海外投资委员会提交了一份威胁评估报告，报告称，这次收购将对美国国家安全造成威胁。

长期以来，美国政府一直都在担心其敏感的通信网络会被国外控制。而在 3COM 的产品中，有一项抵御黑客入侵的检测技术，美国政府正是 3COM 这一产品的主要客户。

这场收购最终以美国政府的阻挠而宣告失败。虽然再次遭遇挫折，但华为人并没有气馁，反而更加努力地做着自己该做的事。在任正非看来，只要华为越来越强大，那么，进军美国就会越来越容易，攻克美国市场是早晚的事。不过，任正非还是低估了进入美国市场的难度。

2012 年 8 月，美国国际贸易委员会对外宣布，将对包括中国在内的多个国家和地区的多家企业生产的无线电子设备发起大规模的“337 调查”，以确定这些企业是否侵犯美国企业的专利。这项调查共涉及 13 家企业，华为首当其冲。

所谓“337 调查”，简单来说，就是禁止一切对美国企业不公平竞争行为或向美国出口产品中的任何不公平贸易行为。可以用四个字形容，就是“利美排他”。

尽管这次有 13 家企业被一起调查，但矛头主要是对准了华为。那么，美国为什么会对华为如此忌惮呢?

就事论事地说，在这份长达 50 多页的调查报告中，美国众议院情报委员会用的全是“怀疑”“难以确信”“极有可能”等臆想词语，没有丝毫真实的凭据，也没有提供任何具体的信息。

“莫须有”的罪名成为美国封杀华为的借口。因为任正非曾在军队担任工程师，美国国会就断定，假如购买华为的设备，那这些设备在中美关系紧张时就随时可能成为重要的间谍工具。但其实这种断定纯属无稽之谈，美国人不会不知道，除了芯片等某些价值非常高的产品，美国的大部分电信设备组件都是在中国生产的，美国的思科系统和苹果手机使用的都是中国生产的零部件，并且设备的最终组装也有很大一部分是在中国进行的，如果按照美国人的推断，那这些就都不能用了。

此外，美国封杀华为还有一个很重要的理由，就是怀疑华为是中国政府补贴的受益者，他们给出的证据是，在海外业务上，华为在竞标时的出价一直比西方竞争对手低，低幅在 5%～15%。

这个说法也完全站不住脚，熟悉华为历史的人都清楚，华为最早的时候在国内市场都难以立足，任正非为了拓展市场可谓绞尽脑汁，是依靠“农村包围城市”的战略突围而出，并开始攻占海外市场的，具有价格优势并非是因为政策补贴，而只是一种竞争策略而已。

2012 年 10 月 8 日，在一份回应中，华为对美国的封杀进行了反击。这份回应的开头是：“美国是一个法治国家，所有的指控都应基于确凿的证据和事实。美国众议院情报委员会所主导的、历时 11 个月完成的调查报告，仍然未能提供明确的信息或者证据证明其担忧是合理的。”

华为指出，美国众议院情报委员会的一切活动和努力似乎都指向了一个事先已确定的结果。这份调查报告充满了臆想和猜测，目的就是想证明那些根本不存在的指控，这是一种贸易保护主义严重膨胀导致的“有罪推定”。

那么，假如美国对华为的封杀不是因为“安全”因素，又是出于什么考虑呢？华为认为，答案很简单：安全上不害怕不等于商业上不害怕，华为的日益强大已经威胁到以思科为首的美国企业的利益。

根据相关资料显示，2012 年上半年，华为销售收入达 1027 亿元人民币（约合 162 亿美元），已经超越爱立信成为全球销售额第一的电信设备制造商。此外，华为手机终端也已经建立起全球化销售与服务体系，能够为全球用户提供方便、快捷的服务。而且，美国销售额仅占华为总收入的 4%，但亚洲、环太平洋地区和中国业务却占了思科总业务的 16% 以上。此外，中国还是思科在亚洲仅次于日本的增长速度第二大快的市场。因此，将来如果发生电信贸易战，思科将比华为受损更严重。另外，在美国国会议员中，有 73 位在思科拥有投资。因此，对华为的封杀，显然是出于一种利益图谋，是美国一贯奉行的保护本国企业的贸易保护主义。

早在 200 多年前，美利坚合众国创立时，美国宪法便将创新和发展看作整个国家的核心竞争力，历届总统都将“自由”奉为“美国精神”，并一直自诩为自由贸易的倡导者和保护者。可是近些年来，美国口头上倡导贸易自由化，却总是让其他国家实行贸易自由化，而自己却经常搞贸易保护主义，是贸易保护主义的典型代表。通过对华为的封杀不难看出，美国总是喜欢“选择性失明”。

封杀华为事件的背后，透露了美国核心竞争力、科技创新能力逐步弱化导致的利益关系失衡，是美国对华为乃至整个中国电信产业因畏惧而诱发的刻意刁难。长此以往，美国将不仅失去中国企业的投资，更将失去其一直提倡的公正和道德，糟蹋“美国精神”，也将会失去美国人民的心。

相反，在这一方面，中国对于美国的通信设备制造商给予的待遇却非常符合自由贸易的精神，并没有设置贸易壁垒。很长时间以来，苹果、IBM、微软等美国 IT 企业的快速发展在很大程度上就是得益于中国市场的开放。我们试想，假如按照美国方面对待华为的苛刻标准，上述美国企业就敢担保没有任何问题吗？答案显然是否定的。

再从华为的角度来讲，美国的封杀也让其获得了经验：在“走出去”的过程中要重视调研工作，对遇到的各种困难要做充分的估计，提前做好相关预案。

事实上，华为要想攻克美国市场，提升自身的产品质量和技术水平是一个重要因素，适应美国市场环境则是另一个重要因素，两者缺一不可。面对美国的贸易保护主义，华为不能仅仅看到某一桩交易的成与败、得与失，而是要有大战略，谋划大手笔，寻求大突破。只有这样，才能真正地从被动走向主动，这正是“不谋万世者，不足谋一时；不谋全局者，不足谋一域”。

“孟晚舟事件”的背后

以国家安全为由，美国对华为的打压和封杀一直没有停止，而且手段越来越“厉害”。2018 年 12 月 1 日，任正非的女儿、华为 CFO 孟晚舟在加拿大温哥华被拘捕。美国认为，孟晚舟此前曾经担任香港天通科技的董事，这家公司与伊朗有电脑设备交易（美国正在制裁伊朗），这与华为此前对美国的保证相违背，于是美国方面认为孟晚舟犯了欺诈罪，便要求加拿大拘捕了在温哥华换乘飞机的她。

其实，明眼人一看就知道这是美国在找借口打压华为。只不过这次美国做得太过分，直接让加拿大拘捕华为的高管，并要求引渡到美国。

美国和加拿大的这种行为，引起了许多人的愤怒和担忧。中国外交部发言人华春莹表示："我想说的是：当这么多事情发生之后，美加还自诩遵守法制和规则，令人吃惊。在我看来，这无异于现代版'皇帝的新装'。"加拿大卡尔顿大学斯普洛特商学院管理学副教授伊恩·李表示，华为是中国"成功皇冠上的明珠"，"就像他们的谷歌、微软和苹果"，美、加两国的做法"就好像中国从苹果公司逮捕了乔布斯的女儿或遗孀"。

对于孟晚舟在加拿大被拘捕，任正非很震惊。他认为女儿非常守规矩，不可能犯法。任正非说，女儿被捕的第二天，通过丈夫传出来了一个纸条，上面写着："爸爸，所有的矛头是对准你的，你要小心一点。"本来孟晚舟要和任正非一起去阿根廷开会，这次会议就是孟晚舟组织的，只不过孟晚舟早走了两天，结果在加拿大转机的时候出事了，那么他再去阿根廷将会非常危险。但是阿根廷的会议非常重要，他决定冒险去参加。好在有惊无险，他最终参加完会议后安全返回了中国。

对此，任正非说："我是冒着生死危险走出去的。我认为，我最终还是要在世界上游走的，如果用一个笼子把我装起来，我还有什么价值和意义呢？"

其实，美国对待华为的招数并不算新鲜，以前早已经用过了。有一本书叫《美国陷阱》，就讲述了美国如何通过国家力量打压、吞噬目标公司的勾当。

《美国陷阱》的作者为弗雷德里克·皮耶鲁齐和马修·阿伦。而皮耶鲁齐是原法国跨国集团阿尔斯通的高管，他在去往美国办公时在美国机场被捕，成了美国要挟阿尔斯通的人质。美国司法部指控皮耶鲁齐涉嫌商业贿赂，并对阿尔斯通处以 7.72 亿美元罚款。为了避免长期的牢狱之灾，皮耶鲁齐被迫承担了美国司法部强加给他的所有罪名，并按照美国检察官的意思成为司法部的棋子，从而换取了司法部的“高抬贵手”。有了皮耶鲁齐的“配合”，美国成功地“肢解”了阿尔斯通这家曾经横跨全球电力能源与轨道交通行业的商业巨头。而阿尔斯通的能源部门，则被竞争对手美国通用公司吞并。一年之后，皮耶鲁齐被释放回国。

后来，皮耶鲁齐就写了《美国陷阱》这本书，详细讲述了自己所经历的事情。

孟晚舟事件与阿尔斯通事件何其相像。现在的华为处境就像当年法国的阿尔斯通一样，成了美国针对的目标。可以说，任何一个国家的优秀企业都有可能成为美国吞噬的目标，如果这家企业掌握着某一重要领域的核心技术和资源，就极有可能被美国盯上。

美国的操作手法就是动用司法部门拘捕目标公司的高管，并逼其认罪，然后让其作为证人指控自己任职的公司，随后美国对目标公司实施打击和制裁，威胁目标公司就范，然后开出条件，让目标公司向美国公司出售核心业务和技术。

对于阿尔斯通，美国盯上了其能源部门，而对于华为，美国则盯上了其 5G 技术。

在全球范围内，华为的 5G 技术都处于领先地位。华为的一位高管曾经说，华为的 5G 技术至少领先其他竞争对手一年时间。

华为的 5G 技术主要包括三部分：第一部分是专利技术，第二部分是 5G 通信设备，第三部分是芯片。

从专利技术来看，华为是 5G 标准制定者之一。虽然从专利数上来看，并没有占绝对优势，但和国际一流厂商高通、三星是处于同一水平线的。

从 5G 通信设备来看，华为则是全球第一，其实 3G 时代以来，华为就一直是全球最大的通信设备厂商，全球各地的很多运营商都与华为合作，以加快5G的建设进度。截至2019年10月，华为已经获得60多个5G商用合同，其中欧洲32个，中东地区11个，亚太地区10个，美洲7个，非洲1个，基站发货量超过40万个。

在芯片这一部分，华为拥有麒麟990系列芯片，包括麒麟990和麒麟990 5G两款，其中麒麟990 5G集成了巴龙5000基带，是全球首款集成5G基带的芯片。而其他竞争对手都还没有研发出集成5G芯片。

芯片的重要性毋庸置疑，在万物互联的时代，所有的设备要入网必然要有芯片，无论是汽车、智能家居，还是手机、PC，只要接入5G网，芯片就必不可少。

综合来说，华为绝对是全球最强的5G技术厂商，这让美国，甚至很多国家都深深地忌惮。

任正非表示，孟晚舟事件“对华为的生意没有影响，事实上我们发展得更快了”。“他们可能是想抓了她（孟晚舟），华为就会衰落，但我们没有衰落，仍然在继续前进。我们公司已经建立程序规章，再也不用依靠某个人。就算我自己哪天不在了，公司也不会改变前进轨道”。

2018年12月7日，华为很快做出调整，发布公告称，公司CFO一职由梁华暂时接替。

由此可见，美国想通过拘捕孟晚舟来打击华为的算盘要落空了，反而让其在国际上的声誉受损。

“实体清单”：美国对华为出大招

2019 年 5 月 16 日，美国政府宣布将华为列入“实体清单”。这是美国对华为发动的一个大招，意图完全封杀华为，置华为于死地。以前，美国不允许华为在美国售卖产品，现在来了更狠的，不允许美国公司把产品卖给华为。

那么，什么是“实体清单”呢？

“实体清单”于 1997 年 2 月由美国商务部首次发布，是美国为维护其国家安全利益而设立的出口管制条例，也是美国制裁其他国家企业的重要武器。美国通过发布实体清单，告诉美国出口商，在未得到许可证前，不得帮助这些名单上的企业获取受本条例管辖的任何物项。简单地说，“实体清单”就是一份“黑名单”，一旦进入这个名单，实际上就是被剥夺了与美国企业做生意的机会。

美国是全球唯一的超级大国，是非常重要的市场，而且许多高新技术专利掌控在美国企业手中，如果被美国列入“实体清单”，就会遭到技术封锁和国际供应链隔离。

中兴公司就是最好的例子。2018 年 4 月，美国商务部发布公告声称，在未来 7 年内，禁止中兴通讯购买美国企业的敏感产品。

中兴公司对美国产品的依赖程度很高，而且是全方位的，如果美国断供，就等于被掐住了脖子，很快就会“死亡”。

中兴公司的业务主要有三大类，分别是基站、光设备以及智能手机。

在基站方面，中兴的基站芯片主要供应商都是美国企业，在国内没有替代产品。国内只有两家企业生产基站芯片，一个是华为，另一个是南京美辰微电子。但是，前者只能做到自给自足，还无法外销；后者的产品还无法量产，只能小批量验证，基站芯片的验证到量产差不多要两年左右的时间。

在光设备方面，中兴的主要供应商也是美国企业，虽然国内也有替代产品，但都是中低端产品，高端产品还是要向美国企业购买。

在手机方面，主要核心部件是芯片，而中兴公司采用的芯片就是美国高通的产品。

完全受制于美国企业的中兴公司，面对美国的断供，毫无抵抗能力，最后只能屈服，接受美国提出的三个主要条件：

罚款：中兴公司被罚了 10 亿美元，另外还缴纳了 4 亿美元的保证金，交由第三方保管，以防再度违规。而此前，中兴已经被美国罚款 8.92 亿美元，两次罚款总额高达 22.92 亿美元，折合成人民币有 160 亿元左右。中兴公司 2017 年利润为 45 亿元人民币，这一罚款相当于中兴公司免费给美国打工三四年。

自我惩罚：中兴通讯被迫承诺在 30 天内更换其董事会和高管团队。

接受监督：美国派遣人员进入中兴公司，对中兴公司进行监督，并随时听候美国相关部门的问询。

通过对中兴公司的断供，美国尝到了甜头，于是对华为故技重施。

美国对制裁华为充满信心，曾经有美国议员在华为被列入“实体清单”后，在社交软件上宣称“华为已死”。那么，实际情况是什么样的呢？

根据华为官网披露的情况来看，2018 年华为有 92 家核心供应商，其中 33 家来自美国，占华为核心供应商总数的 36%，数量仅次于中国。华为 2018 年的采购总额为 700 亿美元左右，而从美国企业采购的产品价值大约 110 亿美元，主要采购企业包括高通、英特尔、美光科技等。在华为总采购金额中，美国企业只占了 15% 左右，并不是很多。

在手机领域，华为的美国供应商主要有 21 家，供应产品主要包括射频芯片、存储器、图像传感器、CPU、FPGA、通信芯片、AP 芯片、光器件、Wi-Fi/ 蓝牙 MCU、系统 / 软件等。其中，最核心的手机部件芯片，由华为自己研发，并不依赖美国。

在 5G 领域，华为完全处于世界领先的地位。在这一领域，不是华为要依赖美国，而是美国要依赖华为。任正非曾经表示，美国排斥打压华为，只会让美国在 5G 时代落后于世界。

总体来看，虽然华为对美国企业的产品有一定的依赖，但并不严重，还没有到被卡脖子的程度，最多给华为的发展造成一定的影响。

而且，对于美国的打压和封杀，任正非有清醒的认识，也做了很充分的准备。可以说，任正非带领华为与美国的真正较量才拉开序幕。

任正非高瞻远瞩，打造“备胎计划”

就在美国宣布把华为列入“实体清单”的第二天凌晨，华为也放出了大招，宣布启动“备胎计划”。

华为旗下芯片公司海思半导体的总裁何庭波向公司员工发了一封内部邮件，揭开了华为“备胎计划”的面纱。

何庭波在邮件中声称：

多年前，……公司做出了极限生存的假设，预计有一天，所有美国的先进芯片和技术将不可获得，而华为仍将持续为客户服务。为了这个以为永远不会发生的假设，数千海思儿女，走上了科技史上最为悲壮的长征，为公司的生存打造“备胎”。

数千个日夜中，我们星夜兼程，艰苦前行。……但是从来没有放弃过。

后来的年头里……（我们）担心许多芯片永远不会被启用，成为一直压在保密柜里面的备胎。

今天，命运的年轮转到这个极限而黑暗的时刻，超级大国毫不留情地……把华为公司放入了实体名单。

今天，是历史的选择，所有我们曾经打造的备胎，一夜之间全部转“正”！多年心血，在一夜之间兑现为公司对于客户持续服务的承诺……

原来，对于美国的极限打压，任正非早有准备，为华为打造了一个“备胎”。也正是因为有“备胎”的存在，任正非才会轻描淡写地说“实体清单”对华为的影响不是很大。

华为“备胎计划”的核心是海思半导体公司。海思成立于 2004 年，其前身是华为集成电路设计中心。任正非曾经透露，在成立海思时他对何庭波说：“我给你 4 亿美元每年的研发费用，给你两万人，何庭波一听吓坏了。但我还是要给，一定要站立起来，适当减少对美国的依赖。”

何庭波不负众望，带领海思打造出了自主研发的手机芯片“麒麟”。现在，海思已经成为全球第五大芯片公司。另外，海思还研发出了服务器芯片、基站芯片、基带芯片、AI 芯片、物联网芯片等，这些都已经居于世界科技产业的前列。

华为“备胎计划”成功的基础是大量的资金投入和众多人才的努力。2018 年华为研发投入 1015 亿元，而近 10 年研发投入总计 4850 亿元，是中国研发投入最多的企业。而且，华为至少有 700 名数学家、800 多名物理学家、120 多名化学家、六七千名基础研究的专家、6 万多名各种高级工程师、工程师，在组合搞研发。

对于华为的“备胎计划”，任正非表示，“备胎就是为了应对特殊情况。我们最后发现美国对华为的限制时间由于孟晚舟事件推前了。以前以正胎为主，现在是以备胎为主。我们的增长速度会下来一点，但不会负增长，对产业经济产生影响”。

其实，美国对中兴公司的断供给任正非敲响了警钟。有消息称，自从“中兴事件”之后，华为就加快了“消 A”进程。“A”代表美国，“消 A”就是消除对美国的依赖。为此，华为投入了一两万名研发员工天天加班到深夜，连节假日也不休息。华为是在和时间赛跑，要求所有的“消 A”项目都要在 2019 年底基本完成。

现在，华为的研发生产工作基本都要做两套方案——“消 A”和“非消 A”。而且，两套方案都可以随时相互切换。可以说，华为早就做好了最坏的打算。

同时，2018 年开始，华为就已经在默默地大量采购，做好储备。关键部件准备了约 1 年的库存，非关键部件的库存备货至少 3 个月。另外，华为还大量扶持国内的供应链，以尽可能地减少对美国产品的依赖，寻找替代品。

对于供应链方面存在的漏洞，华为也在积极地修补。任正非在接受采访的时候表示，“我们组织了一批研发人员，杀回马枪，原来研究未来技术的优秀科学家回来补漏洞了，我们很有信心”。

2019 年“双十一”当天，华为公布了两个员工奖励计划。一个是“阳光普照计划”，每个员工多发一个月的工资，而且 11 月就发放；另一个是对参与国产组件切换的人员发放 20 亿元奖金，侧重于研发和供应链员工。这次奖励是为了感谢员工自华为 2019 年 5 月被制裁以来的努力和奋斗。由此可以看出，任正非所说的“杀回马枪”“补漏”已经取得了成功，公司已经进行庆功奖励。

任正非确实是一个非常优秀的企业家，格局很大，高瞻远瞩，未雨绸缪，提前做好准备，让华为具有强大的实力和很足的底气，从而可以在美国的打击下顽强生存，继续快速发展。

华为发布“鸿蒙系统”和HMS

在华为打造的“备胎计划”中，海思是硬件部分，而“鸿蒙”则是软件部分。华为不仅要购买美国高通、美光科技等企业的各种部件，这些都属于硬件，而且要使用谷歌的安卓系统，这属于软件。

2019 年 8 月 9 日，广东东莞松山湖举行的华为开发者大会上正式发布了华为自主研发的操作系统——“鸿蒙”。

鸿蒙是一款基于微内核的面向全场景的分布式操作系统，主要适配的终端设备包括手机、平板、电视、智能汽车、可穿戴设备等。

任正非早就做好了打算，2012 年就推动华为开始研发自己的操作系统“鸿蒙”，经过了 7 年的不懈努力，才最终结出硕果。

鸿蒙系统是华为应对无法使用谷歌安卓应用和服务时的重要措施。

2019 年 5 月 20 日，因为美国政府将华为列入“实体清单”，谷歌暂停了与华为的部分业务往来。除了开源授权范围以内，谷歌不再与华为开展需要转让硬件和软件产品的业务。另外，谷歌还将停止对华为的技术支持和协作（主要包括安卓和谷歌服务）。

我们都知道，现在的操作系统几乎被美国企业垄断，电脑操作系统主要是微软的 Windows 和苹果的 Mac OS，移动操作系统主要是谷歌的安卓和苹果的 iOS。所以，谷歌断供对华为手机在海外的销售影响非常大。

其实，安卓虽然属于谷歌，但是谷歌并不能禁止华为使用安卓系统，因为安卓是全球开源的。但是谷歌的 GMS 服务不属于开源协议里的一部分，这才是唯一能够影响到华为的地方。

2019 年 9 月 19 日，华为在德国慕尼黑正式发布了最新旗舰手机 Mate30。这款手机并没有预装谷歌的 GMS 服务。在海外市场，尤其是欧美地区，谷歌的 GMS 服务形成了强大的生态圈，涵盖了智能手机的方方面面，如应用市场、视频、云服务、搜索引擎、邮箱、地图，这些都是海外用户必不可缺的刚需。现在华为没有预装谷歌 GMS 服务，等于被谷歌生态抛弃，这势必会影响海外市场的正常销售。

好在国内华为手机的销售情况很好，因为国内用户不用谷歌的应用和服务，所以谷歌断供对华为的影响几乎为零。

对于谷歌断供，任正非说："不怕，我反而更喜欢这种压迫感，因为只有这样，我们的员工才有紧张感，企业才能得以进步和发展。"

同时，华为发布了自己的移动应用服务 HMS。华为 HMS 的出现，正是为了应对谷歌不让用 GMS 服务的问题。HMS 包含了以下服务内容：

HUAWEI AppGallery（华为应用商店）

HUAWEI Browser（华为浏览器）

HUAWEI Mobile Cloud（华为移动云）

HUAWEI Themes（华为主题）

HUAWEI Music（华为音乐）

HUAWEI Video（华为视频）

HUAWEI Reader（华为阅读器）

HUAWEI Assistant and more（华为助手等）

这几乎涵盖了谷歌 GMS 服务的所有功能。如果华为能够真正把 HMS 推广起来，建立起一定规模的生态圈，那么 HMS 就能替代谷歌的 GMS。

鸿蒙系统也是开源的，主要是让全球的开发者力量参与进来，共同打造下一代最领先的操作系统。

为了鼓励和扶持世界各地的开发者在HMS平台上发布其软件，华为推出了“耀星计划”。在这个计划上，华为投入了10亿美元。

在华为的大力推动下，HMS生态增长非常快。截至2019年8月，全球注册开发者数量超过了101万人，接入HMS Core的应用程序超过了45万个。截至2019年10月，“耀星计划”在中国市场已评选了13期，有200多家合作伙伴及开发者获得了华为的激励资源。

华为发布鸿蒙系统，自己搭建HMS服务，是与美国和谷歌的较量。欧美等国外用户已经习惯了使用谷歌的应用和服务，就像国内用户使用微信一样，要让他们做出改变，选择HMS，将是非常困难的。所以，华为面临的问题非常严峻，需要持续不断地努力很长的时间。

其实，挑战谷歌的安卓系统，摆脱对谷歌的依赖，华为并不是第一家公司。之前，微软曾经下了很大的功夫，推出Windows手机操作系统，结果以失败而告终。还有三星，2018年3月推出了移动操作系统Baba，也没有成功。要知道，微软和三星都是数一数二的IT巨头，拥有的资源和实力极其强大，它们都没有撼动谷歌的地位，可见这是一条多么艰难的道路。

现在，华为被迫走上了这条道路，但愿华为能够获得成功。

PART 4

非常人，非常道

——任正非的人生哲学与管理智慧

假如中国没有了阿里巴巴，腾讯和京东在电子商务上能分分钟取而代之。假如中国没有了华为，没有任何一家企业能够代替！

一个 70 多岁的商业思想家，10 多位 40 岁出头的战略企业家，几千位 30~40 岁的中高层管理者，率领着 10 多万 20~30 岁的以中高级青年知识分子为主体的知识型劳动大军，勇敢行走在全球五大洲的每个角落。

任正非的成功，绝非常人可以做到，他的人生哲学与管理智慧，必将成为中国企业史上最为经典的篇章。

第 9 章

你只管精彩，老天自有安排——任正非的人生哲学

“时光不能倒流，如果人能够从 80 岁开始倒过来活的话，人生一定会更加精彩。

“要敢想敢做，要勇于走向孤独。不流俗、不平庸，做世界一流企业，这是生命充实激越起来的根本途径。

“我个人的私人生活很痛苦，非常寂寞，找不到人一起玩。和基层员工离得更远一些，为了公司能够平衡，我得忍受这种寂寞，忍受这种孤独。”

强势如斯，任人评说正与非

任正非穿着总是很普通，长得也不大起眼，就像一位老农民。很多人对任正非的第一印象都是如此。

但另一方面，任正非的强势也是人尽皆知。10多年的军旅生涯对于任正非的性格塑造意义重大。与绝大多数军人一样，任正非做事追求简单、真实，行事风格向来强势，从不拖泥带水。

有一年，任正非到杭州出差，顺便召开了杭州办事处员工会议，讨论行业形势和公司在杭州的发展。可是，会议刚一开始，任正非就发现华为电气的负责人没有来，于是他便向办事处邵主任拍桌子吼道：“华为电气的人怎么没有来？我跟你们说过多少遍了，开会一定要把华为电气的人叫来，不能因为把华为电气卖给艾默生了，收了人家的钱，就可以甩手不管了，我们还要把别人扶上马送一程。”旁边有人连忙解释，说华为电气员工之所以没有来是因为当天在培训，所以没叫。听了这个解释，任正非火气稍降：“你们是具体做事情的，责任不在你们，要处罚就处罚一把手。”说完，任正非就扯下一张纸，一边写一边说：“邵某某，我要通知公司降你500元工资，你有没有意见？”那位邵主任赶忙说：“没意见，没意见。”任正非写完处罚意见，就直接说：“没意见就赶快过来签字！”

还有一次，任正非曾在华为高层会议上指着郑宝用说：“郑宝用，一个能顶一万个。”然后指着另外一位公司高层说：“你，一万个只能顶一个。”

华为原副总裁李玉琢离职后，曾在自己的书中披露：“任正非的脾气很坏，是我见过的最暴躁的人，我常看到一些干部被他骂得狗血淋头（高级干部尤甚）。有一天晚上，我陪他见一位电信局局长，吃饭到九点。在回来的路上我问他回公司还是回家，他说回公司，有干部正在准备第二天的汇报提纲。我陪他一起回了公司。到了会议室，他拿起几个副总裁准备的稿子，看了没两行，‘啪’的一声扔到地上，‘你们都写了些什么玩意儿’，于是骂了起来，后来把鞋脱了下来，光着脚，在地上走来走去，边走边骂，足足骂了半个小时。”

还有一次，在中层干部会议上，任正非对华为财务总监说：“你的长进非常大。”这位总监还没来得及高兴就听到了让他万分尴尬的下半句，“从特别差变成比较差！”

华为内部还流传着这样一个非常有意思的故事。话说有一年，任正非去新疆办事处视察工作，当时新疆办事处的主任是一位之前刚从销售一线提拔起来的“新官”。对任正非的工作作风，这位“新官”并不了解，还以为任正非会和那些爱好“大场面”的领导一样，于是便特意租用了一辆加长的林肯轿车去机场迎接任正非的“大驾”。任正非一下飞机，看到办事处主任和豪华的加长林肯后，火冒三丈，立马就把这个办事处主任臭骂了一顿，“你只要派个司机来就可以了，为什么还要亲自来迎接？现在你应该待的地方是客户的办公室，而不是开这种车来接我！”

任正非做事最忌拖泥带水，对执行力要求非常高。在沟通上也崇尚“直接”的方式，有时甚至是怒吼和咆哮。在主持会议时，任正非效率极高，参加会议的人发言最好直奔主题，假如习惯性地说出一些没有意义的废话、空话、大话，任正非就会直接打断。

华为的管理层私下也都说，得到任正非的表扬那真是“太阳从西边出来”，而“挨骂”却是家常便饭。

2002 年前后，华为的总裁办公室内经常会传出一阵叽里呱啦的“噪声”。外边的员工仔细一听，才听出是任正非在朗读英语。尽管任正非的英语水平令人不敢恭维，但他的这种学习精神却令人敬佩。在一次公司总裁办公会议上，任正非就说：“几年之后，华为董事会的官方语言一定是英语。”话里话外的意思就是说，我处在这个位置、这么一大把年纪尚且学习英语，你们这些年龄小的就更该学习了。当然，这种含蓄的批评方式在任正非身上并不多见，更多的还是强势和直接的批评方式。

2015 年 11 月 10 日，华为《管理优化报》上刊登了一篇名为《一次付款的艰难旅程》的文章，内容大致是说：对一线而言，找不到流程入口，不知道全流程的所有要求和操作规范，流程指导和说明往往比流程本身更难懂和复杂；我们的流程建设多针对的是某个具体业务场景，防范的是特定风险，在设计上往往防卫过当，不考虑执行成本，更不用谈面向对象的流程拉通和友好的用户界面了；公司呼吁各级主管要担责，但现实的流程、制度或监管组织却不信任主管担责。经常遇到的场景是：“我是负责 ××× 的，这个风险我愿意承担，流程能否走下去？”答曰：“你担不起这个责任，请重新提交流程或升级到 ××× 处理。”

这篇讲述“一线作为赞助商面向客户预付款时遇到审批多、流程复杂”的文章在华为内部引发了激烈讨论，任正非对这种现象大为生气，并对由女儿孟晚舟负责的财务部门进行了措辞严厉的批评：“据我所知，这不是一个偶然的事件，不知从何时起，财务忘了自己的本职是为业务服务、为作战服务，什么时候变成了颐指气使，皮之不存，毛将焉附。”“我们希望在心声社区上看到财经管理团队民主生活发言的原始记录，怎么理解以客户为中心的文化。我常感到财务人员工资低，拼力为他们呼号，难道呼号是为了形成战斗的阻力吗？”

对于女儿分管的财务团队都如此怒斥，任正非的强势和铁面无私由此可见一斑。

性格强势在创业初期无疑是有着积极作用的，但企业发展到一定阶段后，其负面作用也不容小觑。任正非也意识到了这个问题，所以，他也在逐渐收敛和改变。

现在，任正非已年过七旬，离开华为的日子或许并不遥远，但无论如何，任正非都是华为的一个标志，也是这个时代的一个符号。至于他的强势，到底是正还是非，也只能任人评说，正像他的名字一样。

低调，领悟“静水潜流”的智慧

在管理上，任正非一直强调华为要静水潜流、沉静领导，灰色低调、踏实做事，不张扬，不激动。

水是这个世界上最柔弱的东西，但它又可以战胜其他任何事物，是一种最强大的力量。《老子》中就说：“天下莫柔弱于水，而攻坚强者莫之能胜，以其无以易之。”“上善若水。水善利万物而不争，处众人之所恶，故几于道。”

任正非认为，表面很平静的水流，下面的水可能很深、很急。这就叫作“静水潜流”。相反，只有那些很浅的水在石头上流过去的时候才会泛起水花。

其实，不仅是管理上，在个人行事作风中，任正非也是一位讲求“低调低调再低调”的企业家。

在国内企业家中，任正非以不接受媒体采访、不上电视而闻名，在当今这个争相炒作的时代中可谓是一个异类。国内有很多企业家都在想尽办法为自己争取露脸的机会，以便借此为企业扩大知名度。可任正非很少这样做，他不仅对各种采访、会议、评选唯恐避之不及，甚至对于一些有利于华为的形象宣传活动也并不热衷。对此，任正非给出的解释是：华为不是上市企业，没有义务来满足外界的好奇心。于是外界纷纷猜想：这位神秘的企业大佬是不是性格比较内向，不善于自我炒作呢？

有一段时间，华为内部开始流传这样一个故事：一个阳光明媚的中午，在深圳华为公司总部，两位新入职不久的女职员在电梯里悄悄抱怨着公司在财务制度上的一些小问题，电梯里面还有一位面貌敦厚的长者，不过，她们当时并没有注意这个人，因为这个人实在太不起眼了。第二天，这两位女职员被告知，她们所抱怨的财务问题已经得到解决。她们大吃一惊，忙问为什么，对方给出的答案是，任总亲自打来电话……这下，两位女职员才恍然大悟，原来那位长者就是任正非。

还有一个与此类似的例子。1994 年，金森林刚进入华为工作时，C&C08 数字机刚刚进入生产期，由于没有有效的测试手段和测试工具，每一块电路板是否正常都必须在机架上一一进行试验。为了加快速度，当时的测试人员就在机房里吃饭和睡觉。

7 月的一个夜晚，到了深夜 12 点，大家还在忙碌。这时，只见一个 50 多岁的人领着几个食堂工作人员推着餐车进来，并亲自给大家盛饭，招呼大家喝鱼汤，还嘱咐大家要注意身体健康，金森林当时并没有在意，以为是食堂的大师傅。8 月的一天，金森林参加新员工座谈会，那天，他提前来到会场，结果又看到了那个 50 多岁的老人，他心里不禁感到奇怪，怎么一个食堂大师傅也来开会？大会开始后，那位老人面带微笑地对大家说：“大家好，欢迎大家来到华为，我叫任正非，希望大家喜欢华为。”直到这时，金森林才恍然大悟，原来这位老人就是任正非。

另一次，任正非受邀去参加一个大型国际通信设备展览会，在会场上，香港一家电信公司的老总走到任正非面前，很敷衍地要求交换名片，但任正非却没有因为对方的敷衍而生气，而是谦和有礼地作出回应，当这位老总回去后整理名片时，惊奇地发现里面竟然还有一张任正非的名片，他几乎不敢相信自己的眼睛：我什么时候和任总交换的名片？原来他以为那位穿着朴素的老者只是一个普通的参展者，所以只是抱着可有可无的敷衍态度要求交换名片，结果，这让他错过了与任正非直接交流的机会，后来，每当他对人说起这件事，都是后悔万分。

2016 年 4 月，一张任正非在机场排队等候出租车的照片刷爆了互联网社交圈：已经 73 岁高龄的任正非，衣着朴素，一手拖着行李箱，一手打着电话，夹杂在上海某机场拥挤的人潮中排队等出租车，他一身儒雅沉稳之气，略显疲劳，看上去极为亲民。

其实，2016 年 2 月，就有微信网友曝出任正非在华为食堂排队打饭的照片。在这张照片中，任正非和华为普通员工一样，在食堂中排队打饭，领完餐后又一个人端着盘子默默去吃饭。那段时间，任正非还被网友拍到深夜赶飞机，在机场独自拖着行李箱乘坐摆渡车，右手抓吊环，左手扶行李箱，看起来就像一位普通的上班族。

对此，华为终端董事长余承东说：“过去二十年，任总一个人打出租车是常事。昨天早晨我在酒店等他，他就是打出租车来的。他把自己的股票分给员工之后，公司又没有上市，不是大富翁，就无须保镖了。”

2016 年 9 月，“低调”的任正非又被拍到戴着草帽、身着短裤去农村喝酒吃肉。通过网上流传的照片可以看到，身着蓝白相间短裤和白色上衣的任正非，头戴草帽走在乡间土路上，出现在村民们的饭桌前，还拿起农家酒碗与村民们亲切合影。据知情人士透露，这是任正非在拜访华为轮值 CEO 郭平的家乡江西赣州上尤时所拍。

从坐电梯到打车、打饭，再到与村民们打成一片，向来低调的任正非为什么突然成为焦点？任正非一手创办了令世界瞩目的华为品牌，2016 年华为销售额 5216 亿，净利润 571 亿元人民币。如此辉煌的成就，按理说，任正非肯定是不缺钱的，然而，他并没有因此而选择奢华的生活，依然如此的低调，在当今这个浮躁的互联网社会，自然引发了舆论的热议。

某位在微博上拥有 60 万粉丝的投资公司 CEO 表示：任正非这是在摆拍作秀，假如这么挥霍时间，华为早就倒闭了！

一些网友也发出冷嘲热讽，如："他为什么每次不带助理、不坐专车都能被拍到？我看见他好几次了。""（任正非）没带助理和司机，但是带了宣传、摄影啊。"等等。

其实，如今的华为实行的是轮值 CEO 制度，任正非并不参与所有的具体决策，他的主要工作是为公司指引战略方向，进行思考和批判，所以，他最喜欢的就是在路上看看书或者静心思考，这样低调简朴的出行，未必会影响他的工作效率，更谈不上是挥霍时间。

而且，一家企业，员工不用去猜测上级的心情，一心扑在事业上，企业才会有希望。这就要求企业的一把手要尽量低调，脚踏实地。所以，任正非的这些低调行为，已经发挥了模范效应，从上自下地杜绝了企业铺张浪费的风气，极大地提高了华为的运行效率。

相比目前大多数崇尚奢华招摇的企业家，以及某些土豪、明星的私人奢华派对、美女豪车，任正非这个商业思想家无疑是卓尔不群的。

创业是为了什么？在创业之初，大多数企业家的初衷无非就是解决自己与家人的生存和生活问题。随着企业的不断发展壮大，才逐渐看清了前方的道路，也才有了明确的战略与规划。任正非也是如此，但他可贵的地方在于始终如一地保持低调。因为低调，这位伟大的企业家显得极为神秘；因为低调，华为避免了太多的浮躁；因为低调，比起其他很多国内企业，华为显得更加沉稳成熟，也少了很多麻烦。任正非的低调并没有妨碍华为走向卓越，不断超越。所以，任正非的低调值得我们借鉴和学习。

做企业，不能抱有太强的投机心理，要踏踏实实地做，不用炒作。正如任正非所说："我已习惯了我不应得奖的平静生活，这也是我今天不争荣誉的心理素质（形成的缘由）。"对于一个民营企业家来说，假如不能像任正非这样成熟、内敛，这样恰到好处地把握自己、把握企业，那么，根本不可能做到低调。因为低调，任正非和其他一大批民营企业经营者形成了明显的区别，在任正非的带领下，华为人摒弃了不该有的浮躁，拒绝了充满危险的诱惑，剔除了骄傲自大的因子，华为也始终按照最有利于企业发展的方式来运行，而这正是华为能取得今时今日伟大成就的关键因素。

独爱偏执，唯有偏执方能成功

通信行业的竞争向来残酷无比，全球任何一家电信公司，不管曾经有多么辉煌，前面的路都只有两条：不是发展，就是灭亡。华为同样如此，就像任正非所说，"活下来是真正的出路"，在 30 多年的经营生涯中，任正非对此认知坚信不疑，甚至到了偏执的地步。

在巨大的竞争压力面前，任正非还曾立下近乎偏执的誓言："处在民族通信工业生死存亡的关头，我们要竭尽全力，在公平竞争中自下而上发展，决不后退、低头"；"不被那些实力雄厚的公司打倒"；"十年之后，世界通信行业三分天下，华为将占一分"。

任正非的这种偏执很容易让人想到英特尔总裁安迪·格罗夫，后者提出的

“只有偏执狂才能生存”的理论被全球众多企业家奉为圭臬，成为随时提醒企业经营者要加强危机意识的企业格言。在《只有偏执狂才能生存》一书中，格罗夫曾这样阐述他的论点：“只要涉及企业管理，我就相信‘偏执万岁’。企业繁荣之中孕育着毁灭自身的种子，你越是成功，垂涎三尺的人就越多……我认为，作为一名管理者，最重要的职责就是常常提防他人的袭击，并把这种防范意识传播给手下的工作人员。”

格罗夫不惜担着“偏执”之名，是因为他整天担心的事情太多：担心产品会出问题，担心推出产品的时机不对，担心工厂运转失灵，担心用人失误，担心员工离职等。当然，格罗夫更担心有一天会被竞争对手赶超。

任正非提出的“活下来是真正的出路”的观点，在很大程度上就可以理解为中国版的“只有偏执狂才能生存”。

说起任正非性格中的偏执因子，与他的从军经历有一定关系，从军生涯对任正非的一生影响非常大，军人气质已经融进了他的骨子里。华为开会时，任正非会经常和员工讲战争的事，而且总是能讲得群情激动。任正非讲到，在战场上，捍卫国家主权不受侵犯是军人的使命；在市场上，捍卫企业的市场地位则是企业家的使命。在现代商场中，技术自立才是企业的根本，如果没有自己的科研体系作支撑，企业就没有资格谈地位。因此，在研发上，任正非也有明显的偏执风格，不惜投入巨资，选择走技术自立、发展高新技术的实业之路。

华为和任正非的传奇形成了一种明显反差。华为所打造的网络技术是最新锐的，企业本身是透明而现代化的，所追求的企业文化是高度竞争的，但任正非在管理上却是用中国最传统的方式，如大动员、唱军歌等，这实在是一种非常值得研究的现象。

尽管存在这种反差，但华为和任正非却出人意料又在情理之中地融合在了一起，任正非就是华为，华为就是任正非，两者不可分割，正因为如此，外界对华为离开任正非之后的前景才会普遍不看好。这也正如“字如其人”一样，一家企业也脱离不了其创始人的深刻烙印。

在经历了诸多风波之后，任正非对危机有一种极为偏执的警觉，在管理上颇为“狠辣”，华为的企业文化因此也带有了所谓的“狼性”。在任正非看来，狼能让自己活下去的最大特性就是偏执，不屈不挠，奋不顾身。

在对华为的管理上，任正非的偏执表现得更是淋漓尽致。创业初期，华为每个员工的办公桌底下都有一张床垫，就像部队里的行军床。床垫的作用除了供员工午休，更多是为员工晚上加班加点工作时睡觉用。这种做法也就是华为人津津乐道的“垫子文化”。

有一次，在深圳体育馆，华为举行了一次 6000 人参加的大会，任正非要求会场保持安静和整洁。结果，在将近 4 个小时的大会过程中，没有任何手机铃声，与会者都自觉关机。大会结束后，会场的地上也没有留下一片垃圾，十分整洁。

在大名鼎鼎的《华为基本法》中，有很多部分也透露出了任正非的偏执性格。《华为基本法》确立了两条惊世骇俗的原则：一是实行员工持股制度，而作为企业创始人，任正非大量稀释了自己的股份；二是在技术开发上近乎偏执的持续投入，任正非坚持将每年销售收入的 10% 以上用于科研开发，这在中国著名企业中是一个无人可及、无人敢及的高比例。

华为成立以来，外界所看到的多是华为如何在电信设备制造市场上叱咤风云，而对于任正非和华为的评说大多是通过自己观察或者第三方口中得知，很明显，任正非的偏执性格始终是其本人和华为保持低调的推动力量。一直以来，对于外界对他和华为的评价，任正非不但不回应，也不准华为员工出去和别人辩论。

偏执如任正非，也有高调之处，在可以利用的细节之处，他从不放过传递华为理念的机会。在互联网上流传多年的诸如《华为的冬天》《我的父亲母亲》《一江春水向东流》等已无须多言，这是华为员工理解任正非的最佳途径。

就是在华为的企业建设上，取名这样的小事，任正非也是亲力亲为。例如，华为坂田基地的几条大道“张衡路”“祖冲之大道”，这些以中国古代科学家命名的道路就是任正非提出来的。华为员工基地之一的“百草园”，也是任正非从鲁迅那里得来灵感而起的名，对此，任正非并不介意让员工知道。在取名的同时，任正非其实也是在传递自己的价值观和理念，并希望通过这种潜移默化的方式，将价值观和理念贯彻到华为每一个员工的心里。

从成立到现在，华为在市场上几乎没有犯过太大的错误。这其中，任正非性格中的偏执因素是缔造这一奇迹的重要原因。

当然，现在不会，并不代表将来不会。因为，关于偏执，毕竟有不同的理解，并非全是正面之言。

研究表明，任职时间长的企业家，在超过一定期限后，其经验就可能变成一种消极因素、一种包袱，而且任职越长，越是容易相信自己行为模式的正确。在位时间长的企业家，其认知模式与环境要求错位的可能性最大，并且外部环境的动荡，又会加快企业家形成消极思维定式的速度。此外，随着任期延长，留下来的人越来越听话了，而企业家的信息来源也变得日趋同一，这也会造成企业家的思维僵化。这时，企业家的偏执就会给企业带来非常大的伤害。

为此，任正非别出心裁地在华为实行 CEO 轮值制度。

任正非认为，过去企业的传统是公司授权给一个人，因此公司命运就系在这一个人身上。“成也萧何，败也萧何”，很多企业的历史证明了这是有更大风险的。传统的 CEO 为了实现股东的期望，日理万机，全权为企业负责，几乎所有的时间都用在了具体工作上。那么，他用什么时间学习充电？又用什么时间来研究未来？华为的轮值 CEO 由一个小团队组成，因为和而不同，所以能使企业不断地快速适应环境的变化；他们的决策是集体作出的，也就避免了个人过分偏执带来的公司僵化；同时可以规避意外风险带来的公司运作的不确定性。

当然，任正非也表示，轮值 CEO 制度是一个新兴事物，希望外界不要百般挑剔，在这方面，华为即使不成功，也至少算是在“为后人探路，我们也无怨无悔”。

欣赏孤独，“我的孤独谁人能懂”

苹果公司 CEO 蒂姆·库克说：“做苹果公司的 CEO 是一件非常非常孤独的事情。”

马云曾说自己是个 lonely 的人，“我们这些人都是，领导者都是孤独的”。

董明珠说：“（为了格力）我付出了我所有的个人乐趣，我没有朋友，因为我不能有朋友。”

任正非也坦言自己的私生活“很痛苦，非常寂寞”。

……

王阳明心学中说：“此心不动，随机而动。”若执着地将孤独看作一种“不动”，我们又能从企业家群体的孤独之说中看到什么呢？

做企业，无论境界高低，孤独都是必不可少的修炼。当企业做到一定程度后，财富对于企业家来说往往只是一个数字，支撑他们继续前行的只能是一种精神信念。这样的精神信念并不是赚取更多的财富，而是一直不断往上攀登高峰。

企业家的孤独是内在的。它不是一种清高，也不是一种高冷，更不是一种拒绝，而是一种深沉的思考。可以说，一个没有经受过孤独、忍受过寂寞的企业家，不是一个合格的企业家。有足够定力的孤独者，才有可能成为企业家中最为耀眼的存在，正如任正非。

任正非被王石称为“像沙漠上的一只孤独的狐狸”，任正非也曾坦言：“我个人的私人生活很痛苦，非常寂寞，找不到人一起玩。和基层员工离得更远一些，为了公司能够平衡，我得忍受这种寂寞，忍受这种孤独。”“我没有朋友，我是一个孤独者，有时间我都不知道和谁去说话。”

任正非几乎从不见媒体，也很少参加各种评选、颁奖活动。对此，他的解释是：“我为什么不见媒体，因为我有自知之明。见媒体说什么？说好恐怕言过其实；说不好别人又不相信，甚至还认为虚伪，只好不见为好。因此，我才耐得住寂寞，甘于平淡。”

正和岛创始人刘东华曾对任正非做出这样一针见血的评价：“任正非几乎是中国最有静气和最有定力的一个企业家。而任正非这个孤独的国王，倔强地活在自己的声音中，任你是赞誉或是贬损，他都坚定地与世界保持一定距离，冷静地学习、思考，在孤独中探寻人生的意义。”

2013 年，任正非入选《时代》杂志评选的“全球最具影响力的 100 位人物”。《时代》杂志对他的评价是：“他是世界上最富争议的企业家：在国内业界，他是可与国际同行一比高下的通信巨头掌门人；在国外批评者眼中，他的公司是潜在的安全威胁。有人评说：‘他的神秘如同他的不凡’。”

的确，任正非是一位行动与思想上的巨人。一路走来，他正是在跌宕起伏的精神磨难中成长的。

人到中年，事业陷入低谷，婚姻也宣告破裂，在这种极端落寞的窘况中，任正非创办了华为，其中经历的精神磨难不难想象。当时的任正非是彻底的“三无”人员，即无背景、无资金、无人脉。他所能依靠的仅是几个志气相投的人，同甘共苦干事业。

21 世纪最初的那几年，内忧外困让一向坚强的任正非也有点招架不住了，他陷入了更加严重的孤独，以至于得了抑郁症。

抑郁症尽管是一种精神疾病，但对企业家来说，也是一个追寻生命意义的过程。尼采说过，“孤独，你配吗？”孤独的任正非感觉到了有什么地方不对，有什么地方让他不安。于是，他开始对华为进行大刀阔斧的改革，“以奋斗者为本”的激励机制，极大地调动了华为员工的奋斗精神，他给员工最高的工资、最多的股份、最大的荣耀，甚至连出差报账时也给最大的方便……

然而，在财富上满足了以后的华为人还可以有什么？当那些华为老员工逐渐失去创造力，却占着位置，而新员工进来后又无法施展才能的时候怎么办？此时的任正非再次陷入了孤独的思考之中。

任正非的孤独，无人能懂，于是，这个倔强的男人，唯有继续保持着“惶者”的姿态，不断思考着：华为到底还能走多远？下一个倒下的会不会是华为？

任正非曾向华为员工明言“华为 10 年内不上市，家族成员永不接班”。这句话显示了身处孤独中的任正非的坚定与深刻思考。任正非想让华为这辆正在快速行进的战车慢下来，以给接下来的蜕变留出时间。对接班人，任正非有着很高的要求，不仅是他的家族成员中没有合适的对象，即便是华为那些轮值 CEO 们，或许也都有所欠缺，需要时间来验证，这或许也是任正非最大的孤独之所在。所以，将来能继续带领华为走下去的人，应该也是最能懂得任正非作为一个企业家的那种孤独感的人。

硬汉子的柔情：铁血战沙场，柔情也护花

对于任正非，很多外界人士喜欢用“冷漠”和“霸道”来描述，也有人说他“脾气暴躁、性格坚韧、坚毅偏执，说话直来直去，不留情面，常常把干部们骂得狗血淋头”。

事实上，面对强大的跨国企业和国内同行的步步紧逼，华为唯一的道路就是顽强生长，正如任正非所说："华为二十几年的地狱，只有咱们自个儿及家人才能领会。这不是每周工作40个小时能完成的，我记得华为初创期间，我天天工作16小时以上，自个儿没有房子，吃住都在单位，历来没有节假日、周末……"

在这样的创业模式下，任正非不霸道都不行。不过，虽然"沙场"上的任正非的确是铁血的，可在现实生活中，他也从不缺乏柔情的一面。

1998年，在华为的一次内部会议上，任正非开玩笑地说，想不清楚自己为什么在部队里总是得不到提拔，当时华为的宣传部部长朱建萍直言不讳地指出："那是因为像你这样的坏脾气实在很难与领导处好关系。华为员工之所以能忍受，只是因为你是老板而已。"而对这样的诘难，任正非只是温和地笑笑，并没有不高兴。

不仅如此，对于华为的普通员工，任正非也极为平易近人。一位华为普通员工回忆：以前，他只是一名华为普通研发人员。有一次，出差回来时，在机场上遇到任正非，当时，想假装没看见，以免尴尬。没想到任正非却主动走过来热情地和他打招呼，还关心地问了他很多生活问题，然后还顺路把他先送回家再自己回家。任正非这一出乎意料的举动，让这位员工极为感动，多年后还记忆犹新。

任正非对员工的好，完全是发自于内心的柔情。在华为，几乎每年都有人选择离开，进行自主创业。对这些人，如果不是成为敌对关系，任正非从来都不设卡，只会诚挚地祝福他们、帮助他们。1999年，张晓从华为辞职，创立了深圳立言卓翻译有限公司，接的第一个大单就是华为的。张建国离职后创办的益华时代管理咨询公司，长期为华为员工进行培训。罗涛创立的深圳华荣科技有限公司，承接的主要也是华为的相关业务。

1997年，当得知华为市场部秘书处主任杨琳在去海南旅游途中出车祸不幸去世的消息后，任正非极为震惊，内心万分悲痛。为了表达自己的悲痛之情，他还特意写了《悼念杨琳》一文。

休假归来，郑黎告诉我杨琳在海南旅游出车祸已去世了，顿时我惊呆了。我还问了是哪个杨琳，郑黎说是市场部的杨琳。我立即打电话找张建国，他家人讲他出差了，我还诧异了，节日期间出什么差。我又打电话给几位公司领导，结果他们都知道杨琳出车祸了，因为我在外地，他们关心我的身体和安全，没有及时告诉我，但已经组织善后队伍出去了，张建国、朱建萍、唐明惠、唐修文早已飞去海南了。顿时我泪如雨下，多么好的一位同志，我们从此再也看不见她了。

半个月前，她还在来自市场前线的汇报会上，代表100多名秘书发言呢！她的音容笑貌还在我们脑中萦绕，而现在香消玉殒了。

杨琳什么时候来公司的，已记不清了，我本人几年来也没有与她说过几句话、谈过一次心。对她的了解是从每次评工资的标杆争论里，是从大大小小的各会务准备过程中，是从她作为市场部秘书代表在汇报上的发言中。杨琳是一位出色的秘书，踏踏实实、不声不响、一点一滴地努力，一直做到市场部秘书处的主任，管理着庞大、复杂、多变的市场服务体系。杨琳是一位尽心的管理人员，为加强秘书队伍的管理下了很大功夫，使得市场部秘书们在秘书大比武中获得了较好的成绩；她出面组织了市场部秘书处关于“怎样做一名好秘书”的演讲比赛；定期对秘书文档检查评比、规范，收到了很好的效果。

前一次市场部的高层领导与我谈，市场发展太快了，杨琳的管理有点跟不上了。我说，一是人力不足，事务太多，文件成堆，需要发送与接收的各地办事处的传真和电话应接不暇，我答应在春节后补充一大批秘书给她们，把管理者的压力降下来，使她们有学习的机会；二是春节后杨琳调到我的办公室来，给我做几个月的秘书，我来带一带，培养培养这些“革命功臣”，不要忘记这些英雄。旅游车的相撞，使她成了我未能上任的秘书，我后悔前几年没有挤十分钟与她多说几句话，也算送一送她。这些年来，我几乎卖给了市场部，不停地出访、接待客户，很少有时间与员工谈心，这会成为我将来的一大悔恨。

公司创业初期，是十分艰难的，工资很低，组织不健全，使得有的干部工作十分的繁重，杨琳所在的部门就是其中之一。我们那时的出版系统尚未健全，她们部门的几台复印机，就成了公司的印刷厂。公司排山倒海的市场宣传，就靠她们几十双小手在那儿频频翻舞。不停的展览会、推广会，秘书们比主管还要忙，会前、会后有多少无人知道的小事。与堆积如山的文件和用具相伴，起早贪黑地忙碌着。公司的秘书系统至今还没有出一位英雄，我想杨琳应算一名英雄了吧。

公司无论是市场部，还是中研部、中试部、生产总部以及企管部门，几百名秘书们默默地奉献了她们的青春。我们的价值评价体系，由于公司成立后的前八年处在饥寒交迫时期，公司重点抓产品开发、市场拓展，对这两方面的英雄尽管评价体系还不完善，总归有个评价。但秘书体系常被忽略，而且很难得到评价。度过了创业的艰难时期，我们要均衡地建设公司，秘书们会得到正确评价，也会英雄辈出，而杨琳作为创业者却失去了这个机会。她永远作为一名无名英雄，被我们怀念。我建议熟悉她的人，要把她的事迹写出来以教育后人，引导大家向她学习。

半个月前，在来自市场前线的员工汇报会上，她代表100多名秘书发言，把“最无私的爱藏于最深的心底”。那震撼人心的语言，句句都是她心灵的呼唤。华为正是由无数的平凡人物的呼喊，创造了自己光辉的历史。我又读了一遍第四十二期《华为人》报上刊登的她的文章《最无私的爱藏于最深的心底》，心灵一次又一次受到震撼。多么好的文章，多么好的人，多么真挚无私的呼唤，这篇文章，成了她留给我们的遗言。我们永远不要忘记她。她，是华为的功臣，是一位真正的英雄。

华为的光辉是由数千微小的“萤火虫”发出的。“萤火虫”拼命发光的时候，并不考虑别人是否看清了他的脸，光是否是他发出的。没有人的时候，他们仍在发光，保持了华为的光辉与品牌，他们默默无闻，毫不计较。他们在消耗自己的青春、健康和生命。华为是由无数无名英雄组成的，而且无数的无名英雄还要继续涌入，他们已在创造华为的光辉历史，我们永远不要忘记他们。当我们产品覆盖全球时，我们要来纪念这些为华为的发展贡献了青春与热血的“萤火虫”。

读完这篇文章，可以让人感受到任正非心底的那一份柔软。

日本歌曲《北国之春》是任正非非常喜欢听的一首歌，每当听这首歌时，他都会情不自禁地热泪盈眶。“《北国之春》原作者的创作之意是歌颂创业者和奋斗者，而不是当今青年人误以为的情歌。……当一个青年背井离乡，远离亲人，去为事业奋斗，唯有妈妈无时无刻不在关怀他，以至于不知城里的季节已变换，在春天已经来临时，还给他邮来棉衣抵御严冬。而我再也没有妈妈给我寄来折耳根（鱼腥草）、山野菜、腊肠……这一切只能长存于永久的记忆中。‘儿行千里母担忧’，天下的父母都一样担忧着儿女。我写《我的父亲母亲》一文，日本朋友译成了日文、英文让员工们传阅，他们误认为我是孝子。我是因为没有尽到照顾父母的责任，精神才如此内疚与痛苦。我把全部精力献给了工作，忘记了父母的安危，实际上是一个不称职的儿子。……由此我想到，我们每一个人的成功，都来自亲人的无私奉献。我们生活、工作和事业的原动力，首先来自妈妈御冬的寒衣，来自沉默寡言的父兄，还有故乡的水车、小屋、独木桥和曾经爱过你但已分别的姑娘……”

有时，看到员工们表演、唱歌，甚至看到某地的民俗表演，任正非也都会禁不住掩面哭泣，脑海中总会出现自己经历的艰苦岁月，其感性的一面令人动容。

在外人眼里，任正非总是不苟言笑，但经常跟他接触，就会知道，他从不缺乏柔情和幽默。虽然身为全球顶级企业家，但他也和常人一样，希望与别人真诚地沟通以及用心地交流感情。

关于任正非的幽默，事例有很多，下面举两个例子。

例一：有一次，华为召开驻深圳全体员工会议，会上大家的情绪都比较紧张。为了缓和这种紧张气氛，任正非在讲话中忽然说出这么一句："华为的高层都长得丑，你看李一男，还有胡厚崑，长得多丑啊！你们站起来让大家看看。"这两人还真的站了起来让大家看，结果，2000多人的会场，气氛一下子就轻松下来，大家都开心地笑了，任正非自己也哈哈大笑。

例二：任正非的口才好，加上幽默的艺术，他的演讲总会很受大家的欢迎，每次上台前听众们都会掌声不断。但他每次都会说："你们别鼓掌，再鼓掌我可就走了。"如此的幽默令人忍俊不禁。

任正非不仅自己柔情，也强调华为领导层在管理时要有温情。在华为，领导请下属吃饭是司空见惯的事情，也是从华为创立之初就保留下来的传统。创业时，任正非就曾给所有的部门经理发经费，让经理请下属吃饭，基本上每星期一次。任正非还特意为此说过，"铁军的领袖要关心下属，领导不请也得请"。如此霸道的语言，却充满人性的温情，充分体现了任正非柔情的一面。

第10章

独创任氏管理法，“非”一般的智慧

“高级干部与专家要多参加国际会议，多‘喝咖啡’，与人碰撞……公司有这么多务虚会就是为了找到正确的战略定位。这就叫‘一杯咖啡吸收宇宙能量’。

“领悟了妥协的艺术，学会了宽容，保持开放的心态，就会真正达到灰度的境界，就能够在正确的道路上走得更远，走得更扎实。

“在管理和流程上要坚决反对盲目创新，要在原有的基础上不断改良和优化。我们要持续百年地不断改良，不要随意地改革，改来改去的。只有历经数年充分认证，才能进行必要的革命。”

中西合璧的“任式管理法”

华裔管理大师成中英曾这样说过，中国文化是“心文化”，美国文化则是“脑文化”，管理是外在的伦理，伦理又是内在的管理。西方的管理方法在国外公司有时很好用，但当员工是中国人时，就容易出现一些问题。所以，中国企业家需要将企业管理“中西合璧”化，使其既具有西方的先进管理理念，又符合中国企业的具体情况。

在企业管理的中西合璧方面，任正非可以说是一个杰出代表，在他的身上，既可以看到中国深厚的传统文化智慧，又可以看到西方先进的管理方式，就像业界人士所赞誉的：任正非具有西方企业家的革新头脑，又对中国传统文化有着深入的了解和精彩的运用。

实事求是地说，华为早期取得的成就，很大程度上应该归功于任正非对传统文化的精彩运用，例如，革命化的大动员、唱军歌、誓师大会等，这种传统的管理方式是华为发展初期的鲜明特色。

在华为进入高速发展的 1997 年、1998 年，任正非所坚持的管理模式依然是“中学为体、西学为用”，他还曾经试图以中国传统文化来构筑企业核心价值体系，即“建立以国家文化为基础的企业文化”。在此基础上，任正非努力将中国传统文化与 IT 技术、人力资源管理制度等西方管理技术结合起来。

不过，2000 年之后，当华为发展到了一定阶段时，任正非的这种管理模式却遇到了不小的麻烦。因为西方管理理念的背后是西方哲学和思维，与中国哲学、中国传统文化实际上是大相径庭，这也就决定了要强行融合两者是不可能成功的。

也就是在这一时期，华为加快了国际化进程，与此相对应的，就是在国际化人才的招募、海外分公司的经营与管理上，华为必须走出一条世界领先企业的道路。而要想做到这一点，华为就不能仅仅依靠以往获得的成功经验，还必须以先进的国际企业为榜样，进行深入的学习。

在《活下去是企业的硬道理》一文中，任正非这样阐述他在这个问题上的观点：“华为公司从一个小公司发展过来，是在中国发展起来的，外部资源不像美国那样丰富，发展是凭着感觉走，缺乏理性、科学性和规律，因此要借助美国的经验和方法，借用外脑。”

要学习西方先进的经营管理模式和技术，首先要解决的问题就是适度削弱原来特色鲜明的传统文化，并取消其中一些不适合企业发展的因素。正如任正非所说，要脱掉“草鞋”，换上“美国鞋”“德国鞋”，将符合职业化需要的西方普遍性商业文化归结到华为文化中的核心部分，如责任、敬业、创新等。

如此，就涉及如何做到批判地继承的问题，任正非说：“华为经历了十年的发展，有什么东西可以继续保留，有什么东西必须扬弃，我们又能从业界最佳吸收什么。如何批判地继承传统，又如何在创新的同时，承前启后，继往开来？继承与发展，是我们第二次创业的主要问题。”

在学习西方先进的经营管理模式和技术上，华为率先引进的是美国 HAY 公司的薪酬和绩效管理方法。

我们引入美国HAY公司的薪酬和绩效管理的目的，就是因为我们看到沿用过去的办法，尽管眼前还活着，但是不能保证我们今后继续活下去。

现在我们需要脱下草鞋，换上一双美国的鞋，但穿新鞋走老路照样不行。

换鞋以后，我们要走的是世界上领先企业走过的路。这些企业已经活了很长时间，它们走过的路被证明是一条企业生存之路，这就是我们先僵化和机械引入HAY系统的唯一理由，换句话讲，因为我们要活下去。

我们必须全面、充分、真实地理解HAY公司提供的西方公司的薪酬思想，而不是简单机械地引进片面、支离破碎的东西。我们有很大的决心向西方学习。在华为公司，很多方面不是在创新，而是在规范，这就是我们向西方学习的一个很痛苦的过程。正像一个小孩，在小的时候，为生存而劳碌，腰都压弯了，长大了骨骼定型后改起来很困难。因此，我们在向西方学习过程中，要防止东方人好幻想的习惯，否则不可能真正学习到管理的真谛。

引进并非一味地照搬。成功引进后，再打破，再创新出自己的体系，才是任正非让华为换上“美国鞋”的真正目的。

当我们的人力资源管理系统规范了，公司成熟稳定之后，我们就会打破HAY公司的体系，进行创新。我们那时将引入一批“胸怀大志，一贫如洗”的优秀人才，他们不会安于现状，不会受旧规范的约束，从而促使我们的人力资源管理体系再次裂变，促进企业的再次增长。

此外，管理既要走向规范化，又要创新，又要对创新进行管理，形成相互推动和制约机制。

结果也许数十年、数百年才能看得到。要告诉后代没有吃到最好的苹果，永远需要改进、完善，不能让他们将我们采用的方法神化，那样的话，整个操作就毫无意义了。

需要指出的是，在学习西方先进的经营管理模式和技术的同时，对于传统文化在管理实践中的应用，任正非也一直在努力提升。例如，早在 2002 年初，任正非就对所有总监级以上的管理人员进行了为期数天的封闭式培训，授课老师是从北大哲学系和中国社会科学院聘请的 8 位国内知名的专家教授，授课内容包括传统的东方文化与哲学思想，如“周易与思维方式”“老庄的智慧”等。

任正非没有强行将中国的传统文化和西方的管理理念凑在一起，而是根据华为的具体发展情况，灵活运用，使华为充满了生机和朝气的同时，又有着一种深厚的文化底蕴，使每一个华为人都能严格要求自己，不断地取得进步。正是因为有了这样的管理方式，任正非这个带着西方企业家色彩的中国商人，才把华为带上了一条更远、更好的发展道路。

功夫在诗外，用“一杯咖啡吸收宇宙能量”

“功夫在诗外”是任正非经常向华为管理层讲起的一个典故，这则典故源于宋朝大诗人陆游在晚年给他儿子传授写诗经验时写的一首名为《示子谲》诗中的一句：“汝果欲学诗，功夫在诗外”，陆游想以此诗向儿子传授诗歌创作的秘诀。

《示子谲》全诗如下：

我初学诗日，但欲工藻绘。

中年始少悟，渐若窥宏大。

怪奇亦间出，如石漱湍濑。

数仞李杜墙，长恨欠领会。

元白才倚门，温李真自郐。

正令笔扛鼎，亦未造三昧。

诗为六艺一，岂用资狡狯？

汝果欲学诗，功夫在诗外。

《示子遹》被誉为陆游的一份“文学遗嘱”。陆游积一生的诗歌创作经验，深刻地领悟到，要想写好诗，仅仅熟读古人诗句、掌握形式和技法是远远不够的，还应该将功夫下在诗歌之外，也就是说，还要掌握其他丰富的知识、参加社会实践、增加社会历练，这些才是写好诗的根本。

任正非认为，陆游在写诗方面的忠告同样适用于企业管理，企业经营者要想提高自己的管理水平，自然要熟读各类东西方管理类书籍，掌握各类管理技巧。但是，要想在思想上进入一个比较高的境界，仅凭这些是远远不够的。一份调查数据显示，中国管理者读得最多的是管理类书籍，而国外管理者读的最多的却是历史、哲学等人文类书籍，媒体舆论常常会赞叹那些国外管理者的思想水平，感慨其在经营管理上驾轻就熟与游刃有余，其实这与他们“诗外”的功夫是分不开的。

任正非不仅强调“功夫在诗外”，还鼓励和要求华为的高层敢于用“一杯咖啡吸收宇宙能量”。他认为当今的时代就是一个开放式大学，处处有学问，不必拘泥于一处。为什么是咖啡？这其实是一个形象的说法，是说“会议中间休息时，端杯咖啡到处乱晃，不知道你会碰到什么人，交流几句”。那为什么不用茶呢？因为茶更具东方韵味，咖啡则代表世界文化。

不仅是鼓励和要求华为高层，任正非本人对“功夫在诗外”“一杯咖啡吸收宇宙能量”也是身体力行。任正非很少看纯管理类的书籍，却非常喜欢看历史、哲学等人文类图书，并从中提炼出管理智慧。

辛亥革命 100 周年时，任正非阅读了大量的相关文章，并评价道：“清帝退位的权力交接方式，是中国历史上最伟大的一次妥协，避免了暴力和战争，体现了中华民族的政治智慧。”

2006 年，任正非向华为人推荐了一篇报道：《不眠的硅谷》，他认为通过此文，可以让大家领会什么是美国的核心竞争力。这篇报道中有段话还被任正非专门标红：“这些编程人员、软件开发人员、企业家及项目经理坚守‘睡着了，你就会失败’的信条。凭着远大的理想，凭着痴迷和热爱，他们会坐在发出融融光线的显示屏前一直工作到凌晨四五点钟，有时甚至到六点，而不是舒舒服服地躺在床上。这就是参与超越时区的国际市场的代价：每天都有新的起点，不断狂热地开发着‘互联网’技术……工作到深夜几乎是今日硅谷中大约 20 万高科技大军统一的生活方式……”

除了图书、文章，任正非还喜欢看影视剧，他曾给华为高管们推荐过一部电视剧《身份的证明》，意在指出，这么多年，华为也在不断地向别人证明自己的“身份”。

任正非偏爱历史剧和军事剧，看电视剧《汉武大帝》，他想的是怎样正确对待个人的荣辱得失；看电视剧《大秦帝国》，他指出：商鞅变法的路子是对的，可惜太激进，变革不能太激进，太激进就会人为增加变革的成本。大热剧《亮剑》让任正非悟出的是：“将军是战场上打出来的，但有缺点有个性的战士却是未来将军的种子，当领导的一定要学会包容和欣赏……”

2012 年 11 月，华为常务董事会的民主生活会如期召开，在会上，有人提出对任正非进行评价并投票，评价的问题总共有三个，第一个问题是“老板（任正非）懂技术吗”，第二个问题是“老板懂市场吗”，第三个问题是“老板懂管理吗”。

前两个问题，都有 7 个人投否定票；最后一个问题，只有时任华为副董事长的徐直军一个人投了否定票。

徐直军敢于指出任正非的问题,剥去了“老板的华丽外衣”,还原了真实的、有所为有所不为的、带有强烈个人风格的任正非对技术、市场乃至于管理并非都懂，只能算是“半瓶子醋”。

不过，尽管这次投票客观地评价了任正非，但并不能否定任正非的确是一位卓越的管理思想家，这正像任正非自己所评价的：“我 20 多年主要是务虚，务虚七成，务实占三成。”

在任正非的管理艺术中，他将自己的角色定位于：学习、思考、交流、传播。任正非对此进一步解释说：“资源是会枯竭的，唯有文化生生不息。”

年过七旬的任正非，思想一直处在高度开放的新鲜状态。分析其中原因，就在于任正非对阅读和交流有着强烈的爱好。根据公开的资料显示，任正非在读书方面涉猎甚广，从政治、经济、社会到历史、思想、文艺等各方面，其中，历史类书读得最多，而小说和经营管理方面的书刊则读得最少，对此，任正非的看法是：“小说太假，不真实，管理的书都是教授们闭门造车，读多了限制思想，真正的管理哪是几条原理那么简单。”

除了阅读，与各个国家、各个阶层的人进行交流也是任正非十分重要的一项工作内容。

创办华为 30 年来，任正非几乎走遍了全球所有的国家，从最发达的国家到最落后的国家，他与全球一流政治人物、商业领袖、学者、竞争对手、科学家乃至于艺术家、寺院中的僧侣等各色人物都有过深入的沟通与交流。任正非很可能是中国企业家中与全球各界人士交流最多、交流层次最高的，这无疑使任正非在管理上有着更广阔的视野，也使得他成为中国最卓越的企业思想家之一。

不仅自己如此，任正非还时常鼓励和要求华为高层要有“宽文化背景”，他说：“未来公司需要什么样的干部，我认为未来公司需要的管理干部是对市场有深刻体验和宽文化背景的人，宽文化背景怎么理解，大杂烩，什么都懂一点。要成为高级干部就要有宽文化背景，干部要进行必要的循环，这是宽文化学习的好机会。”

任正非所谓的“大杂烩”是指什么呢？其实就是指“功夫在诗外”，要懂历史、哲学、军事……，这是他自己身体力行的，也是要求华为中高级干部做到的，甚至在秘书工作会议上，他也这样要求秘书们。

任正非认为懂得多了，文化背景深厚了，在实践中又能时常面对和处理各种复杂情况，那么，管理者的思维方式就会变得系统和多元，而不是简单和机械。

任正非的管理“灰度”：没有妥协就没有灰度

所谓灰度，就是指纯白、纯黑两者中的一系列从黑到白的过渡色。我们平常所说的黑白照片、黑白电视，实际上都应该称为灰度照片、灰度电视才确切。灰度色中不包含任何色相，即不存在红色、黄色这样的颜色。

任正非认为自己是一个有“灰度”的人，在他看来，灰度介于黑白之间，是一种非常难掌握的度。

“灰度”这个词，在华为企业语境中的地位非常重要，任正非在多个重要场合的讲话中都曾使用过这个词。在管理上，任正非也要求华为的干部、主管要学会灰度管理，即各级主管无论是在经营上还是在变革中，或者是在日常工作中遇到问题时，都不应该用极端的态度去面对。

华为的发展历程充分体现了任正非灰色管理思想的演变路线。创业初期，华为最需要的是扩大市场，招聘时条件放得比较宽，结果导致员工素质不均衡，领导素质也较差，这就需要充满“狼性”的“严格的管理和控制体系”。不过，随着企业越做越大，企业内的各项管理变革逐渐落实，一切都趋近于流程化、制度化后，这种“狼性”的管理制度就已经不再适合华为。此时的任正非认识到，企业的发展要宽严有度，保持节奏。1999年以后，华为逐步进入平稳发展期，提高管理水平成为发展的主旋律，任正非也开始在华为营造更细化、更富有人文色彩的管理环境。

在任正非看来，清晰的方向来自灰度。在《管理的灰度》一文中，任正非写道：

一个领导人重要的素质是方向、节奏。他的水平就是合适的灰度。坚定不移的正确方向来自灰度、妥协与宽容。

一个清晰方向，是在混沌中产生的，是从灰色中脱颖而出，方向是随时间与空间而变的，它常常又会变得不清晰，并不是非白即黑、非此即彼。合理地掌握合适的灰度，是使各种影响发展的要素，在一段时间和谐，这种和谐的过程叫妥协，这种和谐的结果叫灰度。

“妥协”一词似乎人人都懂，用不着深究，其实不然。妥协的内涵和底蕴比它的字面含义丰富得多，而懂得它与实践它更是完全不同的两回事。我们华为的干部，大多比较年轻，血气方刚，干劲冲天，不大懂得必要的妥协，便会产生较大的阻力。

我们纵观中国历史上的变法，虽然对中国社会进步产生了不灭的影响，但大多没有达到变革者的理想。我认为，面对他们所处的时代环境，他们的变革太激进、太僵化，冲破阻力的方法太苛刻。其实就是缺少灰度。如果他们用较长时间来实践，而不是太急迫、太全面，收效也许会好一些。方向是坚定不移的，但并不是一条直线，也许是不断左右摇摆的曲线，在某些时段来说，还会画一个圈，但是我们离得远一些或粗一些来看，它的方向仍是紧紧地指着前方。

在华为，任正非始终是用“灰度”思想指导各项实践的。例如，全员持股的实践，海外团队与当地磨合的实践，如何正确对待客户、竞争对手、供应商的实践，人事制度变革的实践，等等，都坚持了“灰度”思想，这些实践的成功，表明“灰度”思想是华为取得成功的重要“武器”。

在具体的经营管理中，任正非还坚持“没有妥协就没有灰度”的原则，认为坚定不移的正确方向，来自灰度、妥协与宽容。在任正非的管理改良中，坚决反对的一条就是激进主义。

在任正非看来，没有妥协就没有灰度。在《管理的灰度》一文中，他这样诠释这一点：

坚持正确的方向与妥协并不矛盾，相反，妥协是对坚定不移方向的坚持。

当然，方向是不可以妥协的，原则也是不可以妥协的。但是，实现目标过程中的一切都可以妥协，只要它有利于目标的实现，为什么不能妥协一下？当目标方向清楚了，如果此路不通，我们妥协一下，绕个弯，总比原地踏步要好，干嘛要一头撞到南墙上？

在一些人的眼中，妥协似乎是软弱和不坚定的表现，似乎只有毫不妥协，方能显示出英雄本色。这种非此即彼的思维方式，实际上是认定人与人之间的关系是征服与被征服的关系，没有任何妥协的余地。

“妥协”其实是非常务实、通权达变的丛林智慧，凡是人性丛林里的智者，都懂得在恰当时机接受别人妥协，或向别人妥协，毕竟人要生存，靠的是理性，而不是意气。

……

只有妥协，才能实现“双赢”和“多赢”，否则必然会两败俱伤。因为妥协能够消除冲突，拒绝妥协，必然是对抗的前奏；我们的各级干部真正领悟了妥协的艺术，学会了宽容，保持开放的心态，就会真正达到灰度的境界，就能够在正确的道路上走得更远，走得更扎实。

在任正非的管理思维中，无论是宽容，还是妥协，都是一种大智慧，而非软弱。

宽容所体现出来的退让是有计划的，主动权始终牢牢掌握在自己手中。无奈和迫不得已不能算宽容和妥协。只有真正勇敢的人，才懂得如何宽容。懦夫绝不会宽容，这不是他的本性。

在《管理的灰度》一文中，任正非总结道：

西方的职业化，是从一百多年的市场变革中总结出来的，它这样做最有效率。穿上西装，打上领带，并非是为了好看。我们学习它，并非是完全僵化地照搬，难道穿上中山装就不行？我们二十年来，有自己成功的东西，我们要善于总结出来，我们为什么成功，以后怎样持续成功？将这些管理哲学的理念，用西方的方法规范，使之标准化、基线化，只有这样我们才不是一个僵化的西方样板，而是一个有活的灵魂的管理有效的企业。

这正是任正非“灰色管理”思想对华为职业化和变革的深度阐释，是任正非在企业管理路径选择上的大智慧。

《华为基本法》——任正非管理思想的集大成之作

知道华为和任正非的人一般也都知道华为有一个《华为基本法》，它可以说是华为获得成功的主要因素之一，对于为何要制定《华为基本法》，任正非曾在《要从必然王国，走向自由王国》一文中这样诠释《华为基本法》的精神寄托和终极使命：

一个企业能长治久安的关键，是它的核心价值观被接班人确认，接班人又具有自我批判的能力。《华为基本法》已阐明了我们的核心价值观，我们的数千员工现已认同它，并努力去实践它，实践中把自己造就成各级干部的接班人，这就是希望，这就是曙光。

一个企业的内、外发展规律是否真正认识清楚，管理是否可以做到无为而治，这是需要我们一代又一代的优秀员工不断探索的问题。只要我们努力，就一定可以从必然王国走向自由王国。

1987 年，任正非以 2.1 万元人民币的资产创立华为公司，到了 1998 年，华为已经拥有将近 1 万名员工，年销售额近百亿元。不过，就在华为取得辉煌成绩的同时，也迎来了各种新问题和新矛盾。其中，最大的一个问题就是，华为的经营管理水平与其规模极不相配，作为一个年销售额近百亿元规模的跨国企业，在管理上却依然充满了“土味儿”，“土狼”就是当时华为的代名词。为了在华为内部建立起更统一的价值观和文化，促使华为变成一家真正的国际大企业，1994—1996年，在孙亚芳、张建国、郭平等人的协助下，任正非对华为的各项管理制度进行了认真的总结和梳理，之后，发起了由6位中国人民大学教授参与编撰、凝聚众多华为人心血的公司法案的起草，这就是后来在业界无人不知、无人不晓的《华为基本法》。

《华为基本法》是华为从人治走向法治的一个分水岭，也是任正非管理生涯的一个重大转折点。

法治对企业的重要性，任正非有着深刻的认识，在《华为基本法》定稿之前，任正非就多次对起草小组强调，中国很多企业在资产达到一定规模后却垮台了，而西方企业却不存在这个问题，决定性因素就是“从人治走向了法治”。在《要从必然王国，走向自由王国》一文中，任正非写道：

华为走过的十年是曲折崎岖的十年，教训多于经验，在失败中探寻到前进的微光，不屈不挠地、艰难困苦地走过了第一次创业的历史阶段。这些宝贵的失败教训，与不可以完全放大的经验，都是第二次创业的宝贵的精神食粮。当我们第二次创业，走向规模化经营的时候，面对的是国际强手，他们又有许多十分宝贵的经营思想与理论，可以供我们参考。如何将我们十年的宝贵而痛苦的积累与探索，在吸收业界最佳的思想与方法后，再提升一步，成为指导我们前进的理论，以避免陷入经验主义，这是我们制定“公司基本法”的基本立场。几千员工与各界朋友两年来做了许多努力，在人大专家的帮助下，《华为基本法》八易其稿，最终在1998年3月23日获得通过，并开始实行。当然它还会在实行中不断地优化，以引导华为正确地发展。

正是基于任正非的以上认识，《华为基本法》从诞生的那一刻起，就带有强烈的法治色彩。

《华为基本法》共分为6章，共计103条，每部分之间都存在紧密的内在联系，都经过了严密的逻辑思考和逐字逐句的推敲，是中国现代企业中最完善、最规范的一部“企业基本法”。

《华为基本法》总结、提升了华为成功的管理经验，确定了华为二次创业的观念、战略、方针和基本政策，构筑了华为未来发展的宏伟架构。

《华为基本法》正式实行后，全体华为员工也随之展开了深入的学习活动，但任正非强调，实行《华为基本法》的目的不是让每个员工都去死记硬背，而是要领会、感悟。对于这一点，《华为人》报的社论讲得更加明确：“‘基本法’真正诞生的那一天，也许是它完成了历史使命之时，因为‘基本法’已经融入了华为人的血液。”

随着华为发展业绩的不断增长，《华为基本法》也广为人知，很多国内企业都开始学习、效仿。可任正非却并没有因此沾沾自喜，反而开始意识到《华为基本法》的局限性。早在 1996 年，在《华为基本法》起草的过程中，任正非就把目光瞄向了国际公司的管理体系，美国 HAY 咨询公司香港分公司任职资格评价体系第一个进驻华为。1997 年底，任正非先后访问了美国休斯公司、贝尔实验室、惠普公司和 IBM 公司。

进入 21 世纪后，任正非更加意识到，《华为基本法》的旧有模式已经不能和全球化的大公司很好地对话了。企业承担着为客户创造价值的使命，所以，有必要遵循通行的商业价值观和一系列标准流程及制度来保证企业使命的实现，而《华为基本法》中没有体现的、不能正确做出评价和进行奖励的价值尺度，如果不改进的话，是很难延续下去的。参与起草《华为基本法》的吴春波教授后来说道：“《华为基本法》当时的局限性很明显，关于企业的核心价值观、流程和客户方面的问题提到的都很少。”另一位参与起草的彭剑锋也说道：“《华为基本法》对华为成长和发展的实际效果可能远没有它给华为创造的品牌效应和对中国其他企业带来的启迪价值大。”

正是在这种背景下，任正非开始投入巨资引进 ISC（集成供应链）等供应链和产品开发的相关软件，并重金聘请德国国家应用研究院的质量管理顾问、PWC（普华永道）的财务顾问和 KPMG（毕马威）的审计人员，来华为进行专业的培训和审计。

华为还曾聘请 IBM 专家给自己的各个部门做管理评分（TPM），以满分 5 分计。据 IBM 专家评测，华为在 2003 年的平均分只有 1.8，2004 年才达到 2.3，但离华为这一年的目标 2.7 还有不小的距离。根据 IBM 专家的意见，一家真正高效规范的跨国公司，其 TPM 分值至少要达到 3.5，而华为的人均工作效率只有国际一流公司的 1/2.5，这样一来，华为重整供应链的目的就是设计和建立以客户为中心、成本最低的集成供应链，为早日成为世界级企业打下良好的基础。

在这些行动的提示下，任正非还加强了对工作流程与制度建设的重视，多次对《华为基本法》进行修订，2007 年，将华为的愿景重新规划为“丰富人们的沟通和生活”，使命则定位为“聚焦客户关注的挑战和压力，提供有竞争力的通信解决方案和服务，持续为客户创造最大价值”。任正非就是这样不断地对《华为基本法》进行修改和完善，使得华为可以真正地和国际接轨，完成了从“游击队”到“正规军”的华丽演变。

追求优化与改良，不做激进主义者

在管理上，任正非主张不断地优化、改良，**一小步一小步地改进、一小步一小步地进步**，而不是一下子全盘否定，造成伤筋动骨的后果。任正非认为，不能等到问题成堆,才去做英雄弹指一挥间的“力挽巨澜”,而是要不断地疏导。即使别人误认为你没有抓管理的能力,也不能为了个人名声而去做激进主义者。

在流传广泛的《华为的红旗到底能打多久》一文中，任正非明确地指出华为必须贯彻“小改进、大奖励，大建议、只鼓励”的管理制度，其目的就是“追求管理不断的优化与改良，构筑与推动全面最佳化的有引导的自发的群众运动”。

公司实行小改进、大奖励，大建议、只鼓励的制度。能提大建议的人已不是一般的员工了，也不用奖励，一般员工提大建议，我们不提倡，因为每个员工要做好本职工作。大的经营决策要有阶段的稳定性，不能每个阶段大家都不停地提意见。我们鼓励员工做小改进，将每个缺憾都设法弥补，公司也就有了进步。所以我们提出小改进、大奖励的制度，就是提倡大家做实。不断做实会不会使公司产生沉淀呢？我们有务虚和务实两套领导班子，只有少数高层才是务虚的班子，基层都是务实的，不能务虚。务虚的人干四件事，一是目标，二是措施，三是评议和挑选干部，四是监督控制。务实的人首先要贯彻执行目标，调动利用资源，考核评定干部，将人力资源变成物质财富。务虚是开放的务虚，大家都可畅所欲言，然后进行归纳，所以务虚贯彻的是委员会民主决策制度，务实是贯彻部门首长办公会议的权威管理制度。

任正非很明白，因为所处的时代背景、经济环境、管理水准不同，华为与西方发达国家的企业相比，在管理上所面对的问题和重点也是不一样的。

任正非指出，华为坚决不能有激进的改革，任何东西都有继承性，要缓慢地改变。存在就是合理，不要用理想化的改革，胡乱变动现实。不要幻想彻底推倒，一切重来，那只是口号，不是真正的商业模式。十进制的改革是不会有效果的，华为不在乎别人如何改革，但华为却不能这样做。

事实上，华为公司创立30年来，从没有停止过变革，而且都是缓慢的、改良式的变革，甚至有时可能感觉不到在变革。因为任正非明白，变革不能大起大落，不是产生一大堆英雄人物叱咤风云就算变革，这样的话公司就垮了。“一将功成万骨枯”，这样的变革，在任正非看来是没有任何意义的。

在华为内部，流传着这样一个故事：华为一名新员工，进入华为后，觉得公司经营战略存在很大的问题，于是就写了一封“万言书”给任正非。任正非看后批复道：此人如果有精神病，建议送医院治疗；如果没病，建议辞退。任正非此语在常人看来有不尊重员工的嫌疑，但站在另一个角度看是非常正确的：员工最重要的还是做好本职工作，不要把主要精力放在构思“宏伟蓝图”、做“天下大事”上。作为一名新员工，对企业没有任何的了解，怎么可能提出合乎实际的建议呢？

所以，任正非坚持主张“小改进、大奖励，大建议、只鼓励”的管理制度。

1998年，在一篇题为《不做昙花一现的英雄》的文章中，任正非这样写道：

华为公司的第一、第二代创业者把生命注入到创业中去，获得了今天的成功。研发人员也宣誓要把生命注入到产品中去，因此我们管理者也应把生命注入到持续不断的管理优化中去。把生命注入到产品中去并不是要你像干将、莫邪铸剑一样跳到熔炉里去，而是要用一丝不苟、孜孜不倦的精神去追求产品的成功。我经常看到一些员工给公司写的大规划，我把它们扔到垃圾桶里去了，而那些在自己的管理岗位上本身进步了，提高了自己工作效率的同志，这时候向我提的建议和批评我倒是很愿意听的。把生命注入到管理中去，不是要你去研究如何赶上IBM，而是研究你那个管理环节如何是全世界最优的，要赶上IBM不是你的事情，你也不具备这样的资历和资格。所以要面对现实，踏踏实实地进行管理的改进，这样公司才会有希望，现在公司说空话的人比干实事的人多，幼稚的干部比成熟的干部多，要把生命理解成一种灵魂和精神，将这种灵魂和精神注入到管理中去。

在著名的《华为的冬天》一文中，任正非写道：

我们要坚持“小改进，大奖励”。“小改进，大奖励”是我们长期坚持不懈的改良方针。应在小改进的基础上，不断归纳，综合分析。要简化、优化、再固化。这个流程是否先进，要以贡献率的提高来评价。“治大国若烹小鲜”，我们做任何小事情都要小心谨慎，不要随意把流程破坏了，发生连锁错误。大家在处理相互之间人际关系上也要保持冷静，稍不冷静就会惹麻烦。千万不要有浮躁的情绪，要戒骄戒躁，收敛自我，少一些冲动，多一些理智。

假如说在 1998 年的时候，任正非只是强调要建立“小改进、大奖励，大建议、只鼓励”的制度，在思想上明确管理的优化与改良对华为发展的重要性，那么，2000 年以后，任正非就开始真正将其落到实处，使之成为华为的一项明确的企业制度。在多次重要会议或场合中，任正非都强调华为要追求管理的优化与改良，不能做激进主义者。

尽管我们要进行管理创新、制度创新，以不断提升公司整体核心竞争力与岗位工作效率，但对一个正常的公司来说，常变革，内外秩序就很难得以安定地保障和延续。改革，究竟改什么？这是十分严肃的问题，各级部门切忌草率行动。一个有效的程序应长期稳定运行，不要因有一点问题就常去改动它，改动的成本会抵消改进的效益。各级领导一定要把好这个关，宁可保守一些，也不可太激进，缺少主见，变成了群众主义者。（出自：《为什么要自我批判》，2000）

改革不能急于求成，要一点点慢慢走，我们提出可以用5~10年时间来逐步实现。如果改革快了，上线和下线都找不到对口，流程关节就断了；而且走快了容易摔跤，再爬起来修复账务、修复业务要花很多精力。希望大家认真付出努力，一年比一年进步，总有一天，我们的管理会赶上西方公司。（出自：《任正非在监控重装旅座谈会上的讲话》，2015）

不难看出，在华为的发展过程中，随着规模的扩大，其管理的优化与改良也在悄然进行中，犹如春风化雨一般，洒落在华为全体员工的心中。对于掌舵者任正非来说，之所以采取渐进式的管理改进，其目的还是想要在发展与管理中寻找一个最佳的结合点。

第11章

以奋斗者为本，天下英才尽聚麾下

“‘烧不死的鸟是凤凰’‘从泥坑里爬出的是圣人’。干部一定要吃苦在前，享乐在后，冲锋在前，退却在后。一定要以身作则，严格要求自己。

“唯有靠全体员工勤奋努力与持续艰苦奋斗，不断清除影响我们内部保持活力和创新机制的东西，才能在激烈的国际化竞争中存活下去。

“不为学历、认知能力、工龄、工作中的假动作和内部公关付酬。要明确员工在华为公司改变命运的方法只有两个：一是努力奋斗；二是提供优异的贡献。”

科学的人才战略：什么都可以不争，人才不能不争

比尔·盖茨曾经说过，“如果可以让我带走微软的研究团队，我可以重新创造另外一个微软”。宝洁公司原总裁理查德·杜普利也说：“假如你夺走宝洁的人才，却留下金钱、房屋及品牌，宝洁将会失败，假如你夺走宝洁的金钱、房屋及品牌，却留下人才，10年之后，又会有一个宝洁。”

现代企业的竞争固然有产品的竞争、质量的竞争、市场的竞争、知名度的竞争，然而种种竞争，无论成功还是失败，归根结底，都是人才的竞争，是由单个人才所组成的人才集体之间的竞争。

人才关系着企业的生死存亡，华为自然也不例外。不过，任正非却有着属于自己的一套人才管理战略，他并不是只看学历和经验，更重视的是能力和潜力。拥有科学的人才管理战略，是任正非人才管理的一大特色。

一、“集体大辞职”的“鲶鱼效应”策略

假如员工习惯了舒适悠闲的工作节奏，就不会有太大的竞争压力，就会变得懒惰，丧失斗志。正是出于这样的考虑，任正非在华为人才管理上使用了“鲶

鱼效应”。

什么是鲶鱼效应呢？

从前，挪威人在海上捕得沙丁鱼后，如果能让它们活着抵港，卖价就会比死鱼高好几倍，但只有一条渔船能做到带活鱼回港。后来，人们发现这条船的鱼槽内不过是多了一条鲶鱼而已。原来当鲶鱼装入鱼槽后，由于环境陌生，就会四处游动，而沙丁鱼发现这一“异类”后，也会因紧张而加速游动。如此一来，沙丁鱼便延长了存活时间。这就是“鲶鱼效应”。

“鲶鱼效应”的一个重要启示就在于调动下属的工作积极性，有效激活员工的工作热情和激情，让员工在激励作用的驱动下，展现活力，更好地为企业的发展服务。

2007 年，任正非做出了一个令业界震惊的举动：他和 6686 名干部一起向公司提交了辞职报告，并在 2007 年 11 月得到董事会的批准。

任正非的辞职报告是这样写的：

1984 年由于大裁军我复原转业后，因打工不顺利，为了生存，自 1987 年创办华为公司，不觉已经过去 20 年。从几万元销售额、几个人开始，到今天销售额将超过 165 亿美元，业务结构、管理体系、组织人员等方面也初步全球化。未来几年，华为将顺应全球化的潮流，把握自身的命运，继续有一定规模地健康快速发展。也许不需要太长时间，公司的销售额就会突破 400 亿美元。一个领导几万元、几百万元产值的人，不可能胜任 400 亿的领导职位。我个人也深感能力、水平与体力的不足。长江后浪推前浪，江山代有才人出。请允许我辞去现在的领导职位，离开公司。

那么，任正非后来为什么还一直担任华为 CEO 呢？华为内部给出的答案是，“经董事会的挽留协商，公司继续聘请任正非担任 CEO 职务”。另外 6581

名干部也重新签约上岗，其余的全部“自愿”选择退休或病休。

由此不难看出，此次辞职事件仍然是华为为了激发鲶鱼效应而发起的一次运动。

任正非认为，通过集体大辞职引发的鲶鱼效应，对华为今天和未来的影响是极其深刻和远大的。任何一个民族，任何一个组织，只要没有新陈代谢，生命就会停止。如果只是顾全每位功臣的历史，就会葬送整个公司的前途。如果没有集体大辞职所带来的对华为公司文化的影响，那么，任何先进的管理、先进的体系、先进的人才在华为都无法生根。因此，任正非的辞职报告并非完全的作秀，就像他多次表态的，为了华为的发展，自己随时都可以离开领导岗位，华为的轮值 CEO 制度也充分说明了这一点。

二、重视潜力胜于重视经验

在员工的选用上，任正非重视员工的整体素质和潜力，遵循“潜力至上”的选用制度。任正非始终认为：“一个可发展的人才比一个客户或一项技术更重要，一个有创造性的人才可以为公司带来更多的客户，我们宁愿牺牲一个客户或一项技术换一个人才的成长。”

1991 年，毕业于中国科技大学的胡红卫顺利地通过华为在中国科技大学的校园招聘，成为华为的一员。不过，胡红卫心里还是有些忐忑，他学的专业是精密仪器，而华为主要做通信产品，显然有点不对口，他担心自己无法胜任工作。不过，这个问题并没有阻碍胡红卫在华为的晋升之路。进入华为以后，胡红卫从基层做起，以技术员和助理工程师的身份参与了华为 C&C08 数字程控交换机的研发，后来又担任了产品试制段长、计划调度科长、生产部经理等职。不到四年时间，因为出众的能力，胡红卫就直接升到了华为副总裁的位置。这是任正非在用人上不唯经验、注重潜力的典型诠释。

国内很多公司的老板，只相信老员工的经验，对新员工总是不放心，不敢将重要任务交给新员工，任正非的做法却与众不同。华为市场部门有一句话：“天下没有沟通不了的客户，没有打不进去的市场。”为了让新员工得到锻炼，任正非一度不是派有丰富经验的员工，而是派一些刚从学校毕业、没有任何社会经验，特别是没有任何市场开拓经验的新员工去做市场。目的是锻炼新员工开辟新路的勇气和能力。任正非的这种人才使用策略使大批新员工在实践中得到了锻炼，在锻炼中迅速成长，成为经验丰富的老员工。这样良性循环下来，华为员工的整体能力越来越强，综合素质越来越高，避免了新老员工两极分化问题。

三、健全的职业资格认证体系

随着华为发展越来越快，员工队伍越来越壮大，管理上也随之开始出现了不少的漏洞。例如，创业初期提拔的许多员工在岗位调动中开始表现出能力上的欠缺，有些干部在业务拓展上是开疆拓土的好手，但在对企业文化的认同和综合素质方面有所欠缺；有些干部在研发技术方面有重大贡献，但缺少人事协调、运筹帷幄的能力以及处理危机的应变能力。所以，1998 年，任正非在借鉴 IBM 经验的基础上，与英国国家职业资格认证委员会合作，在华为推行任职资格制度。这一制度主要包括职业发展通道设计、职业等级标准制定和职业等级认证三个方面。为此，任正非专门委派副总裁张建国到英国学习职业资格认证制度，回国后先行探索秘书的任职资格标准：打字速度、会议通知、会议所用的文具、会议过程管理、做会议纪要的方法、办公室信息管理、各个部门的流程的连接等。任职资格标准做好后，华为的秘书们终于明白了自己的发展方向。后来，华为秘书的职业能力迅速提高，像电脑管理、文档管理、电话处理，别的企业需要三个人来做，在华为一个人就够了。这样不仅省下了工资、管理费用、办公空间，而且效率更高。

秘书问题解决后，华为人力资源部成立了两个任职资格研究小组，每组三人，开始制定其他部门员工的任职资格管理体系，效果也都十分明显。

在华为，有了任职资格管理体系后，从某一级升到上一级，需要提高的能力一目了然，培训便具有针对性。这样，由任职资格标准牵引，依靠培训体系支持与配合，华为真正地解决了员工职业发展的问题。

正是凭借以上这样一套独具特色的人才管理战略，任正非为华为聚集了大量人才，使得华为的力量得到了壮大和充实，并时刻保持生机和活力，华为也因此不断取得发展，获得了一个又一个的巨大胜利，由一家只有几个人的小公司成长为国际知名的通信巨头。

以奋斗者为本，绝不让“雷锋”吃亏

雷锋的故事我们耳熟能详。作为一名普通的中国人民解放军战士，雷锋在其短暂的一生中帮助了无数人。一部可歌可泣的《雷锋日记》令无数读者为之动容。“雷锋精神”激励着一代又一代人。

在现代企业中，也有一大批“雷锋”式的人在默默地工作着、奉献着。任正非认为，绝不能亏待这些人。

现实生活中，有不少出身贫寒的人往往因为过去苦难生活所造成的缺憾太多而形成了对财富和权力的贪婪，不会也不愿和别人分享，但任正非却不是这样。任正非懂得对劳动者的尊重和回报，坚信高工资是第一推动力，因此，他推出了“以奋斗者为本，不让雷锋吃亏”的政策，在企业获得了利润后，乐于同员工分享。

事实上，企业越是与员工分享利润，企业的利润也就越多。那些将利润紧握在自己手中的行为，会让员工失去动力，也会让企业停滞不前，甚至最终倒下。

在华为 2014 年迎新讲话中，任正非这样总结道：“这些年在管理变革中，涌现出大批优秀人才，我们从选拔‘蓝血十杰’开始，对他们实施表彰，以鼓励那些默默无闻做出贡献的人。郭平说要寻找‘蓝血十杰’，我认为一定要找到并授予他们光荣，而且逐级评选鼓舞那些做出贡献的人。我们不仅要选拔未来优秀人才，也不要忘记历史功臣，这样才能让向未来迈进的步伐更加坚定。新生力量取代我们是历史规律，但过去为公司发展牺牲了青春、健康、生命的人，我们永远都要记住他们曾经为华为公司可持续发展奠定了基础。”

随着公司的快速发展，华为成了百万富翁的“制造工厂”。2014 年，网上爆出一份华为的工资单：万人年薪百万，千人年收入达到 500 万元，其中包括工资、分红、奖金、补助。不算分红，华为 2014 年花在员工身上的资金达 1008 亿元，福利之好令人惊叹。

对此，任正非在题为《天道酬勤，幸福不会从天降》的讲话中这样说道：

奋斗就是付出，付出了才会有回报。多年来，华为秉承“不让雷锋吃亏”的理念，建立了一套基本合理的评价机制，并基于评价给予激励回报。公司视员工为宝贵的财富，尽力为员工提供好的工作、生活、保险、医疗保健等条件，为员工提供业界有竞争力的薪酬，员工的回报基于岗位责任的绩效贡献。

任正非指出，华为能发展到今天这样的规模，是靠着一批批艰苦奋斗的华为人。华为创业之初，根本没有多少资金，最初的员工们把自己的工资、奖金投入到公司，每个人只能拿到很微薄的报酬，绝大部分干部、员工长年租住在农民房，正是因为老一代华为人“先生产，后生活”的奉献，华为才挺过了最困难的岁月。

在《不要忘记英雄》一文中，任正非写道：

历时八年的市场游击队，锻炼了多少英豪。没有他们含辛茹苦地艰难奋战；没有他们的“一把炒面，一把雪”；没有他们在云南的大山里、在西北的荒漠里、在大兴安岭的风雪里的艰苦奋斗；没有他们远离家人在祖国各地，在欧洲、非洲的艰苦奋斗；没有他们在灯红酒绿的大城市，面对花花世界而苦心钻研，出淤泥而不染，就不会有今天的华为。

不让“雷锋”吃亏，付出就一定有回报。当华为取得一个又一个辉煌成就时，华为的奋斗者们也都得到了应有的回报。任正非几次实行员工持股计划，让那些与公司一起艰苦奋斗的华为人得到了丰厚的回报。截至 2018 年的数据显示，在华为控股的比例分配中，任正非的个人持股量仅有 1.14%，工会委员会的持股则高达 98.86%，员工持股计划的参与者超过了 9 万人。正是这种“不让雷锋吃亏”的企业文化，让华为时刻保持强劲的战斗力，在国内外市场所向披靡。

“不让雷锋吃亏”的核心是与奋斗者分享利益，对于那些只冲着高薪待遇而来的投机主义者，任正非则是坚决予以杜绝，为此，他还特意召开了一次“与奋斗者分享利益”的讨论会，在讨论会上，任正非强调：

与奋斗者分享利益，让贡献突出者获得更多的配股机会，这是一个大的战略，我非常担心这个战略落实不好。因为，有使命感，努力贡献的人，不一定是乖孩子，过去华为的文件许多是管乖孩子的。如果这些努力贡献者没有得到利益，就是我们的战略失败。

管理学者史蒂格说：“不能搞平均主义，平均主义惩罚表现好的，鼓励表现差的，得来的只是一支坏的职工队伍。”

尽管华为的薪酬水平很高，但进入华为并不代表就一定可以拿到高工资，还是要根据贡献来确定，正如任正非所说：“以贡献评价员工，而不是以知识来评价员工，这是企业评价体系和价值分配体系公正性和公平性的客观基础。”“公司给员工的报酬是以他的贡献大小和实现持续贡献的任职能力为依据，不会为员工的学历、工龄和职称以及内部‘公关’做得好支付任何报酬，认知不能作为任职的要素，必须看奋斗精神、看贡献、看潜力。”

任正非认为，为了杜绝投机现象，华为不能按固有观念评定员工的成绩，要以实际贡献为标准，让那些干得好的人得到利益。为此，华为人力资源部将评价对象分成三类：普通劳动者、一般奋斗者和有成效的奋斗者。

一、普通劳动者

华为实行职业等级制度，一般本科和硕士毕业生进入华为的职级是 13 级，博士可以到 15 级，级别越往上越难升，到 17、18 级一般是基层和中层管理人员，21、22 级则到了副总裁、总裁级别。

12 级及以下员工，在华为就属于普通劳动者。对于这类员工的待遇，华为按照法律、法规的相关报酬条款，在保障其基本利益的同时，根据企业经营状况，给他们稍好一点的薪资待遇。

二、一般奋斗者

这类员工大多需要平衡家庭和工作，所以严格来讲，他们并不算积极奋斗者。对于这类员工，华为指出，只要他们的贡献大于公司支付给他们的成本，公司就会接受他们，而且会给他们稍高一点的报酬。

三、有成效的奋斗者

在任正非看来，这一类奋斗者是华为的中流砥柱，是华为最需要的人，他们有权以奖金和股票的方式与公司分享利益。

对于上面这三种奋斗者的不同待遇，任正非认为，华为的管理层不能机械地执行文件，一旦发现与条款不相符，就将人家狠狠打击一顿，这是不对的。任正非希望公平、公正、客观地评价他们，让那些真正做出贡献的人分享利益，如此，华为才能拥有一批时刻准备上战场冲杀的“奋斗者”。

只有艰苦奋斗，才能改变命运

古时候有则寓言，兔子和乌龟赛跑，兔子因为有先天优势，跑得快，不时在中间喝个下午茶，在草地上小憩一会儿啊！结果让乌龟超过去了。华为就是一只大乌龟，二十五年来，爬呀爬，全然没看见路两旁的鲜花，忘了这二十多年来经济一直在爬坡，许多人都进入了富裕的阶层，而我们还在持续艰苦奋斗。爬呀爬……一抬头看见前面矗立着“龙飞船”，跑着“特斯拉”那种神一样的乌龟，我们还在笨拙地爬呀爬，这样能超过他们吗？

以上是任正非在华为2013年年度干部会议上的一段讲话。在这次讲话中，任正非提到的“龙飞船”是由美国太空探索技术公司（SpaceX）牵头研发的，是全球屈指可数的商用太空飞船之一，也是世界上第一艘由私人公司研发的航天飞船。而特斯拉则是一家美国汽车公司，2003年在美国硅谷成立，之后，经过十余年发展，已经成为全球生产纯电动车的标杆企业。

就在特斯拉大举发展之时，全球最大的高性能豪华轿车制造商——宝马也加入到了电动汽车的竞逐之中。当新生代翘楚遭遇老一代豪门企业时，谁能最终胜出呢？

宝马与特斯拉谁胜谁负，有一段时间，这个问题在华为内部引起激烈争辩。多数人都认为特斯拉会凭借颠覆式创新超越宝马，但任正非却表态支持宝马，认为不断地改进自己、开放自己，宝马也能学习特斯拉的优点。汽车有几个要素：驱动、智能驾驶（如电子地图、自动换挡、自动防撞，直至无人驾驶……）、机械磨损、安全舒适。在任正非看来："后两项宝马占据优势，前两项只要宝马不封闭保守，是可以追上来的。当然，特斯拉也可以从市场买来后两项……，宝马需要的是成功，而不是自主创新的狭隘自豪。"

任正非指出，宝马的处境很大程度上就代表着华为，在瞬息万变、不断涌现颠覆性创新的信息时代，华为能不能继续生存下来？这是所有华为人不可逃避的问题。华为如何才能生存下来？对此，任正非给出了自己的答案："以奋斗者为本，长期艰苦奋斗。只有奋斗才能改变命运。"

在任正非看来，不同的时期，艰苦奋斗的内容和意义并不相同，不过，其内在的奋斗精神却是一脉相承的。例如，在创业初期，华为的奋斗精神其实是秉承 20 世纪 60 年代的"两弹一星"精神，在没有资源、没有条件的前提下，华为研发人员依靠废寝忘食、忘我奉献的奋斗精神钻研技术方案，完成了开发、验证、测试产品设备等工作，并且由此诞生了华为引以为傲的"垫子文化"；在研发时期，任正非强调，"我们在很多方面有很大的进步，但我们在系统性和管理上还需要再提高，我们要不断思考：能改进吗，还能再改进吗？"这强调的其实也是艰苦奋斗精神。任正非认为，华为继续并长期艰苦奋斗就是为了打破现在的既有优势，以开放的姿态追赶整个时代的潮流。"如果不故步自封，敢于打破自己既得的坛坛罐罐，敢于去拥抱新事物，华为不一定会落后。当发现一个战略机会点，我们可以千军万马压上去，后发式追赶，我们就有可能追上'特斯拉'。"

任正非还指出，比起身体上的艰苦奋斗，思想上的艰苦奋斗更有意义，也更能创造出价值。

一般人只注意身体上的艰苦奋斗，却不注重思想上的艰苦奋斗。科学家、企业家、善于经营的个体户、养猪能手，他们都是在思想上艰苦奋斗。为了比别人做得更好一点，为了得到一个科学上的突破，为了一个点的市场占有率，为了比别人价格低些，为了养更多、更好的猪，他们在精神上承受了难以想象的压力，殚精竭虑。他们有的人比较富裕，但并不意味着他们不艰苦奋斗，比起身体上的艰苦奋斗，思想上的艰苦奋斗更不被人理解，然而也有更大的价值。评价一个人的工作应考虑这种区别。

2005 年，华为进入西非国家马里“开荒”，但一直到 2008 年，整个西非地区的市场拓展都毫无起色，连代表处都被撤并了。留守马里的华为海外员工，每天的生活都过得极为疲累和枯燥，以至于当马里代表处的某位员工偶然找到一只猫时，大家都像找到了一个大宝贝一样，将它收养了起来，悉心照料，以作为工作闲暇时的调剂。

任正非曾说：“把本职工作做好，踏踏实实地做好工作，为客户提供优质服务，满足客户需求，就是艰苦奋斗。”在这一点上，留守在马里的海外员工做得特别好，不管市场拓展有多么难，也不管生活有多么枯燥，他们都日复一日地坚守在自己的岗位上，兢兢业业地做好本职工作。

任正非还认为，“尽心”与“尽力”是两个概念，尽心高于尽力，用心的人，即使能力上差一点，迟早也会赶上来，因为他会积极开动脑筋，想方设法地做好工作。这也正符合任正非“在思想上艰苦奋斗”的要求。相反，只是单纯地尽力工作，其实就是没有目标性地完成任务，与“尽心”有很大的差距，不能因为结果差不多就将这两类人同等处理。

任正非曾经多次强调：“华为不战则亡，没有退路，只有奋斗才能改变自己的命运。”他希望以此来提醒华为人。在 2014 年新春讲话中，任正非再次提到这种精神，并将其喻为“乌龟精神”。

我们要坚持不懈地努力奋斗。乌龟精神被寓言赋予了持续努力的内涵，华为的这种乌龟精神不能变，我也借用这种精神来说明华为人奋斗的理性。我们不需要热血沸腾，因为它不能点燃为基站供电。我们需要的是热烈而镇定的情绪，紧张而有秩序的工作，一切要以创造价值为基础。

奋斗一直是华为企业文化的灵魂。通过奋斗能为企业创造价值，能改变企业的命运。奋斗，不仅可以为企业后续发展提供不竭的动力，也能给奋斗者本身的利益带来保障。因为员工的命运系于企业，只有企业发展好了，员工才会有前途可言，否则一切都是空话，而企业的发展又依靠每个员工的奋斗。正因为华为人相信奋斗可以改变命运，所以才会为华为的发展尽自己最大的努力。

成功就是比别人多奋斗、多坚持一会儿

在面对困难时，很多人刚开始往往是有勇气挑战的，也不会迅速退缩，但是在困难越来越大，或者困难一个接一个的时候，大部分人就会心生畏惧，开始退缩，丧失继续坚持下去的勇气。这种人或许会小有成就，但很难取得大的成功。须知，成大事业者，往往需要具有在困境中持续奋斗的毅力和永不退缩的勇气。任正非深知这样的道理，所以一直提倡持续奋斗精神，并努力把这种精神注入华为人的基因里。

汤圣平的《走出华为》一书中，记载了这样一段亲身经历。

我在华为时，第一次见电信局长，是因为有个资料要递给他。早上 8 点钟我就去他办公室了，他说“要开会，你等等吧”，我就站在能看到他会议室的

位置等着。他出来两次，我都迎上去，他说还要继续开。

一直等到中午，他出来了，我连忙再上去，他告诉我，他要去吃饭，改天再来吧。他走了，我还站在那里，一个小时后，电梯门打开，从里面出来的局长抬头看到我，一愣，对我说："你怎么还没回去啊，到我办公室来吧。"

像这样的遭遇，在华为的销售人员中，可谓是司空见惯。汤圣平对此深有感触："这样的经历对于华为的销售人员来说再普通不过了。华为的销售人员能做到：你一天不见我，我就等你一天；一个星期不见我，我就等你一个星期；上班找不到你，我节假日也要找到你。华为的销售人员甚至在知道了你在哪个小岛上开会后，他也会摸过去把你找到。"

就是凭着"撞了南墙也不回头"的奋斗精神，华为人为自己杀出了一条"血路"。而华为人的奋斗经历也告诉我们一个道理：只要坚持不懈地奋斗，就一定会有所收获。

再来看一个华为销售人员的案例：

1999年，浙江省某市正式开始建设拨号接入服务器项目，并对外宣布竞标消息。当时，华为的产品知名度并不是特别高，像浙江这样的富庶省份在建设这类项目时，大多会选择国外知名通信公司的产品，因为相关人员认为国外产品技术先进、稳定性高，这个市当时也是如此。

不过，华为驻浙江的销售人员听到竞标消息后，没有任何犹豫，决定立即赶往该市。到达该市以后，华为销售人员先是耐心地向该市电信局技术工程师介绍华为产品的技术和性能，之后，又马不停蹄地跑去跟负责技术的统计局局长讲，接连讲了几个小时，中途根本没有任何休息。与此形成鲜明对比的是国外的竞争对手，他们以为胜券在握，根本没有想着再苦口婆心地去说服客户。

华为销售人员的"嘴皮子"工作没有白费，那位原本对华为设备毫不了解的统计局局长写了一份报告给该市电信局的局长，通报了华为的情况。华为销售人员敏锐地看到了其中的转机，很快就去拜访该市电信局局长。虽然多次被拒，但华为销售人员始终没有气馁，一次不行就去第二次，第二次不行就去第三次……

终于，华为销售人员的执着感动了这位局长，局长答应见面，并在见面了解了华为的产品和价格等信息后，决定购买华为的设备。直到这时，国外的竞争对手才如梦初醒，后悔不迭。

要是一般企业的销售员，在经历三番五次的拒绝后，很可能就会彻底放弃，但华为的销售员却能比别人多奋斗、多坚持一会儿，不达目的就绝不罢休，正是这种奋斗精神让华为从竞争对手放弃或蔑视的市场中一点点培育出了自己的市场与客户。

总结华为多年来快速发展的历程，任正非这样说："这些年，公司高层管理团队夜以继日地工作，有许多高级干部几乎没有什么节假日，24 小时不能关手机，随时随地都在处理随时发生的问题。现在，更因为全球化后的时差问题，总是夜里开会。我们没有国际大公司积累了几十年的市场地位、人脉和品牌，没有什么可以依赖，只有比别人更多一点奋斗，只有在别人喝咖啡和休闲的时间努力工作，只有更虔诚地对待客户，否则我们怎么能拿到订单？"

任正非的话极具代表性，华为人正是从上至下始终坚信"多奋斗、多坚持"的道理，才以一种近乎偏执的奋斗精神征服了世界的各个角落。

有一年，为了满足我国西藏地区日益增长的客户需求，华为人踏上了这片神圣的土地。在飞机上，从苍茫的云海上看下去，一座座白雪皑皑的山峰拔地而起，让人心生敬畏。

华为项目组刚一到拉萨，很多人就出现了高原反应，头晕、呕吐等状况频发，很多人甚至晚上睡不着觉。拉萨气候干燥，昼夜温差很大，有时候温差有20多摄氏度，这种恶劣的气候对于第一次来到西藏的人来说，绝对是一种严峻的挑战，因此，很多竞争对手的员工都不愿意来这里。

但是，华为人早已经习惯了在艰苦条件下工作。他们可以在没有水电而且是以地为床的房子里睡觉，也可以在零下20多摄氏度的寒夜，冒着危险跑出去安装设备；为了避免高原反应，在工作时，他们会抱着氧气袋猛吸几口，然后继续工作；天气干燥，他们就涂上厚厚的唇膏……

最终，华为人克服了各种各样的困难，以最快的速度完成了设备的调试工作，顺利在拉萨市场打开了局面。最后，连拉萨局方的项目负责人和工程师都不由自主地赞叹道："华为人真能吃苦，办事效率真高。"

在自然环境恶劣的"世界屋脊"上，华为人依靠吃苦耐劳的奋斗精神，获得了客户的尊重，也为自身开拓了市场。

成功源于吃苦耐劳的精神和坚韧不拔的意志，没有其他任何侥幸。"比别人多一点努力，你就会多一份成绩；比别人多一点志气，你就会多一份出息；比别人多一点坚持，你就会夺取胜利。"很明显，华为人早已将这些奋斗精神融入骨髓之中，正因为如此，他们才能在各种残酷的环境下通过艰苦奋斗，打败一个又一个强大的对手。

敢于挑战：烧不死的鸟是凤凰

凤凰是古代传说中代表幸福的使者，每 500 年在其生命即将结束之时，便会投身于熊熊烈火之中自焚，如能重生，则其羽毛更华丽，其声音更清亮，其神态更威严。这就是“凤凰涅槃，浴火重生”的典故。

在华为，任正非始终鼓励员工们奋发向上，不要安于现状，应该在有限的职业生涯中敢于挑战自我，在困境中不断提升自己的工作能力，做一只浴火重生的凤凰。

在题为《烧不死的鸟是凤凰》的致新员工书中，任正非说道：

为了适应公司大市场、大科研、大结构、大系统的发展需要，这次市场部全体正职在递交述职报告的同时，将全部递交辞职报告，接受组织的评审，表现了大无畏的英雄气概。在中国通信市场如此错综复杂、艰难困苦的发展时期，此举措，真是惊天地泣鬼神，将会震动整个中国。“一将功成万骨枯”，我衷心感谢那些在华为发展史上，强渡过大渡河，爬过雪山草地，至今还默默无闻的英雄儿女。

我们要求降职的干部，要调整好心态，正确地反思，在新的工作岗位上振作起来，不要自怨自艾，也不要牢骚满腹。在什么地方跌倒就在什么地方爬起来。特别是那些受委屈而降职的干部，无怨无悔地继续努力，以实际行动来证明自己，这些人是公司宝贵的财富，是将来继大业的可贵人才。组织也是会犯错误的，一时对一个人评价不公的情况是存在的。

总会有一部分人受委屈，这些人的正确对待会给我们的进步带来十倍的力量。由于您的正确对待，也给组织将来给您以更大的信任提供了支持。真正绝对的公平是没有的，你不能对这方面期望太高。但在努力者面前，机会总是均等的，只要你不懈地努力，你的主管会了解您的。要承受得起做好事反受委屈。

“烧不死的鸟是凤凰”，这是华为人对待委屈和挫折的态度和挑选干部的准则。没有一定的承受能力，今后如何能挑大梁……

人要有进取心，要努力，要做出贡献，同时也要有满足感。自己的力量发挥到最大，就应对人生无愧无悔。

正所谓，“欲戴王冠必先承其重，欲握玫瑰必先承其痛。”假如你想获得事业的成功，你想要实现人生的价值和梦想，就要做好承受压力与困难的准备。在压力与困难之中突围而出，才能真正成为浴火重生的凤凰。

2008年初，张朝华（化名）从海外回到了国内，主要负责华为终端采购履行业务。对张朝华来说，供应链业务是一个陌生的领域，干这份工作对他来说是一个很大的挑战。不过，张朝华却没有丝毫害怕与退缩，他竭尽全力地让自己迅速投入到工作中，从头学起，从基础掌握，直到熟悉了各个环节。整个2008年，在雪灾、地震和奥运会期间，他所负责地区的终端业务，业务量不断扩张，且超额完成了全年任务。最终，他的能力得到了领导的认可，被调到上海分部。正当他想要在繁华的大都市放松一下，享受自己的劳动成果时，上级领导找他谈话，希望他能够去开发拉美的终端市场。那一段时期，华为终端在拉美的业务正处于严重下滑阶段，被竞争对手压制得抬不起头来，很多人都不想去冒险。很多朋友也劝他，国内市场正做得顺风顺水，何必跑到拉美那个“大火坑”去。但是，张朝华那种不服输的个性以及秉承自华为人的奋斗精神，使他最终毅然决定接受挑战。

到了拉美市场后，张朝华马上就感觉到很大的压力，各种问题层出不穷：巨额库存、团队纠纷、产品缺乏、竞争对手打压等，最让张朝华头疼的是“库存”这块烂骨头。当时，来自拉美不同国家的客户对待产品都有自己的看法和要求，库存清理工作很难彻底开展下去。有一次，张朝华让智利客户帮忙清理巴西的一堆 GSM 库存，因为这种跨国清理涉及双方的利益，所以两方客户一直争论不休，张朝华的工作根本就没法开展下去。那一段时间，张朝华每天都会找双方团队沟通，有时候不可避免地会被客户大骂，甚至落到“两边不是人”的境地，但张朝华总是微笑以对。最终，他依靠耐心和诚恳说服了双方客户，清理工作也得以进行，并在半年的时间里清理了数亿美元的库存。经历了种种困难之后，张朝华很快适应了拉美市场的工作，开始主动承担起更多的工作，如产品布局、重点市场、安全运营、适度交付、组织优化、后备培养等。通过他和同事们的不懈努力，截至 2010 年底，拉美地区部终端业务由原来的垫底成功跃居全球地区部三甲之列。

磨难是一笔巨大的财富，假如张朝华没有跳进“火坑”的奋斗精神，而是安于已有的成就，躺在功劳簿上睡大觉，就不可能在后来取得巨大的进步。华为就是如此，没有华为人的不断进步，华为就不可能得到成长。正是在任正非“烧不死的鸟就是凤凰”的奋斗精神的激励下，华为人勇于奉献、敢于挑战困难，遇到挫折绝不放弃，在失败中不断提升，华为才能有今时今日的成就和地位。

华为销售人员陈海虹（化名）的第一单业务就卖出去了几十台 NE80 / 40 路由器，出人意料地占据了近 70% 的市场份额。但是，这种成功也给他带来了巨大的压力。每天回家，陈海虹做的第一件事就是上网，远程检查每一台设备是否稳定运行，第二天早上起来，还要再监控一次。最初一段时间，只要有客户打电话过来，他都会十分紧张，无数次，他都在半夜被客户的电话吵醒，听客户说某设备出现了问题，需要马上解决。有时候，设备出现问题的时候，他还会被客户投诉，遭到上司的训斥。不过，陈海虹毫无怨言，始终积极帮客户解决问题。那段痛苦的经历让他真正体会到了一种没有自尊心的生活。努力总不会白费，等到陈海虹终于稳定了售后市场后，他自己也成熟了不少，客户也开始对他尊重起来。由此，陈海虹也看淡了压力和困难，认为只要挺过去，一切就都会好起来。

环境越是困难，人就越容易成长。何况，所有的困难，最终都能够找到解决的方案，重要的是要以乐观的心态对待困难，并付出不懈的努力。

在工作中，很多华为员工都碰见过各种各样的困难，但最终还是找到了解决办法。今年是部门的总裁，明年就可能成为区域办事处主任，后年则可能被派到条件恶劣的海外去开拓市场。众多华为人几起几落、经受若干失败的打击，心理素质和抗击打能力都得到了极大程度的提高。

“烧不死的鸟是凤凰”，在任正非看来，只有经得起折腾、敢于挑战的人才是真正的优秀人才。没有折腾、没有挑战，就不会知道员工究竟有多大能耐，也不会知道员工有多少忠诚。所谓“患难见真情”，做朋友是如此，企业用人也是如此。

实行“全员导师制”，为奋斗者做阶梯

克劳塞维茨的《战争论》中有一句很著名的话：“要在茫茫的黑暗中，发出生命的微光，带领着队伍走向胜利。”任正非十分欣赏这句话，并经常以此告诫华为的老员工和高管：在华为的发展过程中，要作为导师，在茫茫黑夜中，发挥自己的领头作用，带领华为新员工队伍不断前进。

在华为的内部刊物《华为人》上，曾经刊登过这样一个案例：一家汽车零件加工企业，所生产的零件经常出现毛刺的问题，于是一位工人就自己买了一把锉刀，将问题零件的毛刺全部锉掉了，这样，零件就能够 100% 合格。然而，等到他退休后，同样的一批零件却又出现了毛刺问题。原来，他并没有把自己解决问题的经验告诉给继任者。

这个故事在华为内部引起激烈的讨论，也引起了华为管理层的高度重视。通过这个案例，华为人意识到：为那些缺少工作经验、工作技能不熟练的新员工找一位“导师”，是非常有必要的。

为此，任正非在华为推行“全员导师制”，通过“一帮一”的帮扶训练方式，让新员工有更多的机会掌握更多的工作经验和工作技能，并迅速成长为能独当一面的骨干员工。

在选择上，导师必须符合两个条件：一是绩效必须好，二是充分认可华为文化。任正非认为，只有这样的人才有资格担任导师。同时，华为规定，一位导师最多只能带两名新员工，目的是确保高效。

任正非还指出，要全面落实“全员导师制”，首先要在思想上，让员工对导师制进行认可。对基层员工来讲，要能够更好地促进对徒弟的业务技术的传授、工作经验的交流以及企业文化的共鸣；对中高层领导来讲，要能够在决策指挥、管理方法、领导艺术等方面，对“徒弟”进行潜移默化的影响，使其更好地理解公司的意图，提高执行力。

需要指出的是，华为的导师职责比较宽泛。华为规定，导师除了对新员工进行工作上的指导、岗位知识传授，还要给予新员工生活上的全方位指导和帮助，包括帮助外地员工解决吃住问题，甚至解决情感方面的问题等。

华为的“全员导师制”，和中国传统的“师徒制”有类似的地方，但也有很大的不同。

在华为内部，“全员导师制”这一做法最早来自中研部党支部设立的以党员为主的“思想导师”制度，主要是对新员工进行帮助和指导，后来逐渐发展为一种制度，并被推广到整个公司。

华为的“全员导师制”是全方位的。不仅新员工有导师，所有员工都有导师；不仅生产系统实行这一做法，营销、客服、行政、后勤等其他系统也都实行这一做法。华为认为，所有的员工都需要导师的具体指导，通过“导师制”实现“一帮一，一对红”。

下面是一位华为员工的回忆：

在我进入华为的第一个星期，公司就为我选定了一位导师，他当时刚刚40岁，是一位非常可靠的工作伙伴。一次，趁着在食堂吃午餐的机会，我们俩开始讨论如何才能让我快速地适应工作，那次讨论令我受益良多。但自那以后，我只见过他一次，时间也非常短，根本就没有机会向他继续讨教。结果，在连续几周的时间里，我对工作都有些不知所措，工作效率很低，直到这位导师完成了自己的工作，再继续指导我工作上的事情后，我的心里才有了底，工作也步入了正轨。

2006 年，在华为亚太地区工作汇报会上，任正非这样说道 ：“华为大学也要设立导师制，要由在实践中干得好的，有一定带人水平的员工担任导师，导师也可以分级，有十分高级的，如将级。导师实行轮流制，例如一年一轮，表现优秀的导师应优先得到晋升。”

任正非这一做法的意义有三点 ：一是可以增强员工的荣誉感，特别是对于入职时间不长就成为导师的员工而言，在工作上更会严格地要求自己，在新员工面前更加积极地发挥模范带头作用 ；二是可以增强新员工的归属感，可以使他们迅速地融入华为的大家庭中，从思想和感情上尽快地认可华为的制度和文化 ；三是极大程度提高员工的执行力，通过全员性、全系统、全方位的“导师制”的推行，会给华为带来良好的环境氛围，使整个华为上下一心，众志成城。

当然，“全员导师制”的可执行性与可持续性，还需要用制度来保证。在这个方面，华为推出了导师激励机制、对“徒弟”的要求、师徒的保证协议、考核标准等，有力地保证了“全员导师制”的落实与推行。

一、导师激励制

为了保证“全员导师制”落实到位，华为对导师实行物质激励，给导师每月 300 元的“导师费”，并且定期评选“优秀导师”，被评为“优秀导师”的可以得到 500 元的奖励。

二、能上能下的“导师制”

华为选择导师不论资排辈，一切凭真才实学，对因工作需要进行岗位调整的老员工，岗位调整以后，同样会安排导师。导师或许比员工年龄小、资历低，但在这个岗位上，他的个人能力强，那么他就是导师。在华为，刚入职一两年的员工，同样可以成为导师。这对新员工来说，无疑有着非常大的激励作用。

三、责任连带制

在华为，对导师的严格考核，比对徒弟的考核更为重要。导师必须承担起培训、培养徒弟的责任，当徒弟出了问题的时候，导师必须承担相应的责任。对新员工，华为从到岗之前就提前做好了安排，使之从进入工作岗位的第一天起，就接受导师的全方位指导和引领。在此期间，没有特殊情况，不轻易变动他们的“师徒”关系。

四、晋升激励制

任正非将“全员导师制”提升到培养接班人的高度来对待，并以制度的形式做出规定：没有担任过导师的员工，不得提拔为行政干部；不能继续担任导师的，也不能晋升。

华为推行“全员导师制”，在很大程度上缩短了员工与企业的磨合期，也充分磨炼了他们的意志，提高了他们的执行力和工作能力，使他们能够快速认可并接受华为“以奋斗者为本”的企业精神。此外，“全员导师制”还能够促使华为员工之间、上下级之间的关系更加融洽，从而增强了华为的凝聚力和战斗力。

第 12 章

以客户为中心，将客户需求落地

“客户让我们有了今天的一些市场，我们永远不要忘本，永远要以宗教般的虔诚对待我们的客户。

“我一再告诫大家，要重视普遍客户关系，这也是我们的一个竞争优势。普遍客户关系这个问题，是对所有部门的要求。

“我们要搞清楚客户的痛点在哪里，我们怎么帮助客户解决他的痛点。抓住客户的痛点进行表达，才能打动客户，让客户认可我们。”

沟通：以客户需求为导向

客户利益之所在，就是企业生存与发展的最根本利益之所在。企业要以服务来确定队伍建设的宗旨，以客户满意度作为衡量一切工作的准绳。

1998年，任正非花费巨资从美国IBM公司引进并优化了IPD集成管理模式。由此，任正非在华为内部正式提出了“以客户需求为导向”的口号，开始坚持按照“了解客户需求——传递需求——按照市场需求准确定位创新”的流程来运作华为，要求华为员工能够快速对市场做出反应，并且全力进行支持，优化客户的服务。可以说，正是IPD管理模式，让华为从最初的技术驱动转向了市场驱动，并且彻底改变了华为的技术管理和项目研发流程。

那么，如何才能做到“以客户需求为导向”呢？关键在于沟通。任正非认为，只有多和客户进行沟通，与客户互动，才能彼此深入了解，形成紧密的合作关系。任正非几乎不接受媒体的采访，也很少参加社会活动，但是，只要是客户，不管时间多么紧张，也不管对方是大客户还是小客户，他都会慎重对待，绝不会有丝毫怠慢。

为了提升员工的沟通能力，华为对员工进行了专门的客户沟通培训，每一个员工都必须深刻认识到与客户沟通的重要性、必要性，并熟练掌握与客户沟通的技巧、方法。为了强化培训的效果，华为内部还设有客户评价考核机制，客户对部门或者个人评价的优劣与部门或个人的业绩挂钩，当然，这一做法的目的主要还是为了促进员工与客户之间的沟通。

事实上，不仅是华为，与客户进行沟通一直都是所有企业生产和发展中必不可少的一环，是维护客户关系的基础。

许多时候，你感觉自己已经做得很好了，为什么客户还是会鸡蛋里挑骨头，不断找问题？你一直想办法讨好客户，为什么对方却始终不领情，就是不愿意埋单？你竭尽全力给予客户最好的产品和服务，为什么对方却始终无动于衷？到底是哪个地方引起了客户的不满？

假如直接从客户的需求来说，导致客户不满的原因一般都在于服务期望与服务获得之间的严重失衡，例如，客户想要获得更好的服务，而且对此拥有很高的期待，可企业或商家只能提供一部分服务，或者没有针对性地提供服务，或者提供一些质量不高的服务。这时，客户心里就会产生一种落差，感觉到自己没有受到应有的尊重，自然就会表达不满。

无论是什么样的企业，卖给客户一些不需要、不喜欢的产品或者服务，自然会吃力不讨好。所以，任正非才会说："不要总是觉得将产品或技术卖给客户就万事大吉了，关键还是要提高服务质量。"提高服务质量的前提就是沟通，企业经常与客户进行沟通，才能向客户灌输双方长远合作的意义，描绘合作的远景，了解客户的需求，在沟通中加深与客户的感情，稳定客户关系，从而使客户重复购买次数增多。如果企业与客户缺少沟通，那么好不容易建立起来的客户关系,可能会因为一些不必要的误会没有得到及时消除而土崩瓦解。因此，企业要及时、主动地与客户保持沟通，并且要建立顺畅的沟通渠道，这样才能维护好客户关系，赢得大批稳定的客户。

华为的客户培训资料明确提到了一些沟通的基本原则。

首先，要在沟通之前主动且充分地了解客户的需求与期望，设计合适的服务以及衡量标准，然后再制定科学合理的合作方案，方案必须是合理的、完整的、实际的、双赢的，如此，在沟通时，才会有足够的说服力。华为人在见客户之前，往往会设计一套相对合理的服务方案与合作方案，以避免在沟通时显得被动、冒失和突兀，而且此举也能充分体现出华为对客户的尊重和重视。

其次，在沟通时，一定要注意言谈举止的细节和沟通技巧。例如，华为培训资料中明确指出，当客户打来电话的时候，要尽量在响铃三次之内接听电话，时间拖得太久，就会让客户觉得你不想接电话或者不着急接电话；与客户见面时，穿着要得体，举止要端正，说话时要不卑不亢，语速适中；与客户交谈时，可以先说一些轻松愉快的话题，拉近与客户之间的关系，然后再逐步深入。

在话题展开之后，就要进行针对性的交谈，交谈的方向和目的都要明确；始终将谈话的重点放在客户身上，要尽力让客户了解到自己所能获得的利益，这种利益最好是具体的；认真倾听，通过倾听来掌握客户的相关信息，假如觉得客户提出的要求不合理，不要直接拒绝，而是应该委婉地表示，考虑之后再给出答案，或者请求上级的指示；说话时，态度要真诚，不要敷衍、迷惑和欺骗客户；尊重客户做出的任何选择，特别是出现分歧或者客户提出异议时，要先耐心倾听客户的真实想法，而不是急于反驳；对于一些重要的老客户，应该主动让利，以维护和提升他们对企业品牌的忠诚度。

沟通的方式并不只是说话，科学研究表明，人类获取的信息 83% 来自视觉，只有 11% 是通过听觉获取，所以，在沟通过程中，要想让客户更好地接受产品或者服务，最好的方式就是让客户眼见为实，甚至是亲自体验。在这方面，华为做得很好，他们经常会邀请客户来公司参观和考察，让他们了解华为的生产程序，体验华为的技术实力。通过亲身体验和观察，客户就会对华为的产品和服务有一个更加直观、真实的印象，沟通时也就更容易被说服。

最后，做好售后服务的沟通工作。正如任正非所说，将技术、产品卖给客户并不意味着万事大吉，因为售后服务以及后续合作的需要，企业还要及时接收客户的反馈信息。在这个过程中，重点应该是了解客户是否满意，是否有继续合作的意向；假如客户对产品质量或服务有不满的地方，就应该虚心接受客户的投诉，对于客户的一些抱怨和指责也要虚心接受，并及时道歉，在符合规定的情况下，还要给予客户一定的补偿。此外，一定要告诉客户企业在产品质量和服务改进上所做的努力，并向客户许诺会努力解决相关问题，直到客户满意为止。

在售后服务的沟通工作上，华为也做得很好，而且拥有高效的信息反馈机制，客户一旦有什么反馈，第一时间就会被通报到公司总部，再由总部通告研发部门，而这也正是华为的产品越来越受客户欢迎的原因。

除以上几点之外，华为的客户培训资料还指出，沟通是一种日常的交流方式，是相互满足需求、相互增强联系的主要方式，所以，与客户的沟通应该普及化、日常化。也就是说，华为人不会等到有合作、有需求的时候才想起要与客户进行沟通，而是在平时就十分重视与客户进行交流，例如，周末问候一两句，节假日赠送一些礼物，通过日常联络来强化与客户的感情。

华为人的沟通方式很成功，值得国内其他企业和商家进行推广。不过，因为每个人的性格特点不同，面对的客户也各不相同，所以，在沟通的时候也要具体问题具体分析。

无论如何，“以客户需求为导向”的沟通态度始终都是不变的。服务的核心理念就是加强与客户的沟通，通过沟通来赢得客户的信任与支持。瑞典卡尔斯泰德大学服务研究中心的教授安德斯·古斯塔夫松说：“今天的经济社会比以往任何一个时代，都要更加以服务为导向。”这种“以服务为导向”实质上就是一种“以客户需求为导向”的管理、经营与发展理念。

虔诚：以宗教般的虔诚感动客户

在华为某一年的销售总结大会上，一位饱经风霜的老销售员掷地有声："感动客户比打动客户更重要。"华为的一位忠诚的老客户对此深有同感："我一直很感动，并不是因为他们（华为）帮我成就了宏伟，而是他们的销售员做了很多看似平凡的小事。这些小事，让我感动，催我不断地前进。"

感动不同于打动，"感动"敲的是"心门"，追逐的是心灵的震撼；"打动"更多的则是靠利益，用的也多是花言巧语，虽然是必不可少的手段，但相较于"感动"，毕竟低了一个境界。一次"感动"足以让客户长久回味，一如涟漪，不断地影响着他和他周围的人；"打动"则仅仅是单纯的利益驱动，一旦利益没了，客户很可能就会离你而去。

在华为进行市场拓展的过程中，"感动客户"是其区别于其他竞争对手的一大特色，也是其最终获得更多市场份额的一大利器。特别是在发展初期，"感动客户"使得在实力和技术上并不占据优势的华为迅速赢得了大量客户的青睐，为市场拓展打开了局面。

在《天道酬勤，幸福不会从天降》一文中，任正非说道：

在《愚公移山》中，愚公整天挖山不止，还带着他的儿子、孙子不停地挖下去，终于感动了天帝，把挡在愚公家前的两座山搬走了。在我们心里面一直觉得这个故事也非常形象地描述了华为十八年来，尤其是20世纪90年代初中期和海外市场拓展最困难时期的情形：是我们始终如一对待客户的虔诚和忘我精神，终于感动了“上帝”，感动了我们的客户！无论国内还是海外，客户让我们有了今天的一些市场，我们永远不要忘本，永远要以宗教般的虔诚对待我们的客户，这正是我们奋斗文化中的重要组成部分。

进入海外市场，我们的差异化优势主要是满足客户需求比较快（比如泰国AIS，我们因为比友商项目实施周期快三倍，才获得了服务AIS的机会）。因此，海外合同要么交付要求比较急，要么需求特殊，需定制开发，研发、客服、供应链等只有赶时间、抢进度，全力以赴才能抓住市场机会。

在资金缺乏、竞争激烈的独联体市场，华为人忍辱负重、默默耕耘了10年，从获得第一单38美元的合同起，集腋成裘，到2010年销售额6亿美元，成为公司重要的市场。在要求严格的欧洲市场，经历三年的认证，我们终于通过了BT的考试，成为BT的重要合作伙伴；为获得中东某电信运营商的认可，面对世界级电信设备商的竞争，我们冒着室外60摄氏度的高温进行现场作业，长达数月，靠着全心全意为客户服务的诚意，经过两年多的坚持不懈，终于开通了我们全球第一个3G商用局……

对于华为取得的巨大成就，任正非认为，这要感谢长期支持华为的客户，没有客户的支持、信任和压力，就没有华为的今天。客户对华为的信任，是依靠华为不断地艰苦奋斗得来的。现在华为的客户也在不断地进步，来自客户需求的压力越来越大，华为没有理由停下来歇一歇，必须更加努力，来回报客户对华为的信任。

以下事例就充分说明了华为在进入海外市场时如何以宗教般的虔诚来感动客户。

2009年底，北欧国家芬兰拍卖了全国的2.6G LTE（一种准4G无线标准）

牌照，驻扎在东北欧的华为产品经理郑恒峰敏锐地判断出“机会来了”，随即带着拓展北欧 WiMAX（全球微波互联接入）市场的目标，开始了在“千湖之国”芬兰的难忘岁月。

芬兰是世界 GSM 技术发源地，无线领域理论研究和产业发展上的“排头兵”，想要打进这种要求严苛的发达国家市场绝非易事。为了能够见到关键客户，了解客户的真实意图，郑恒峰及其团队几乎是从零开始：对照着零零散散的网络资料，一点一点搜集客户 D 公司的相关信息，之后，在冰天雪地的恶劣条件下，驾着一辆越野车，从芬兰首都赫尔辛基出发，展开了一场从南到北、穿越大半个芬兰的开拓之旅。

当他们冒着漫天风雪，敲开 D 公司某位大股东的家门时，主人在万分诧异的同时不禁充满感动：“感谢你们在这样的日子里还驱车来拜访我，你们是第一家在这样短的时间里，就上门拜访我的厂家。”或许正是被这种真诚感动，此后，这位大股东一直与华为保持着良好的信任关系。在这位大股东的帮助下，华为经过半年的拓展，成功打败了 WiMAX 领域的几个主要竞争对手，拿下了 D 公司 WiMAX 全网项目。

不仅是海外市场，在国内市场，华为也始终坚持以宗教般的虔诚来感动客户，想方设法为客户排忧解难。

例如，包揽客户儿女上学、爱人旅游甚至家里换煤气罐等家务事；为了满足某客户学车的需求，华为人特意借了一辆崭新的小轿车供客户练车，当车子陷入泥坑之中时，华为人甚至脱下鞋袜跳到泥坑里推车，而当时正值寒冷的冬天……

再如，1996 年，信息产业部、邮电部在北京召开全国交换机产品订货会。为了能够多拿到一些订单，华为准备了整整一年时间。大会举行时，华为抽调了 400 多人奔赴会场，与参加会议的客户之比为 10：1，其目的就是确保会议期间各级主要客户都有专人全天候跟进，以解决客户的不时之需，力求从每个省、市拿到第二年的订单。

为了有力地贯彻“以宗教般的虔诚感动客户”这一服务理念，任正非将其作为华为的发展战略，渗透到了公司的各个方面。

2001 年 7 月，《华为人》报上刊登了题目为“为客户服务是华为存在的理由”的文章，在审稿时，任正非将题目改成“为客户服务是华为存在的唯一理由”。任正非认为：华为命中注定是为客户而存在的，除了客户，华为就没有存在的任何理由，所以为客户服务是华为存在的唯一理由。

华为的企业文化承载了华为的核心价值观，使其以客户需求为导向的战略能够层层分解并融入所有员工的各项工作之中，不断强化“为客户服务是华为生存的唯一理由”，提升员工的客户服务意识，让这种意识深入人心。

钱钟书说：“真理都是赤裸裸的。”任正非则说：“不要把华为文化复杂化，不要把华为文化细节化。‘以客户为中心’本来就是商业活动的本质，你让客户满意了，公司才能生存，这样一个朴素的常识为什么坚持起来这么难呢？谁坚持下来了，谁就有可能成功。”

创新：围绕客户需求持续创新

创新会“消灭”自己，不创新则会被别人“消灭”。任正非说：“没有创新，要在高科技行业中生存下去几乎是不可能的。若不冒险，跟在别人后面，长期处于二三流，我们将无法与跨国公司竞争，也无法获得活下去的权利。”

任正非的前瞻性创新认识，从一开始就让华为拥有了创新的基因。华为的创新始于 1992 年，历经 3 年推出了 C&C08 交换机。此后，从运营商市场到终端市场，从技术创新到管理模式创新，华为依靠创新在国际市场开局，打破了爱立信、诺基亚、阿尔卡特等国外电信设备巨头的技术和市场垄断，成为影响全球电信市场的中国力量。

坚持以客户为中心、持续为客户创造价值，是华为获得增长的主要原因，而其核心也是“围绕客户需求持续创新”。在 2012 年的华为财报中，任正非首次将创新植入了华为的品牌特质：“我们洞察和把握行业趋势，围绕客户需求持续创新，构筑起强大的技术实力，以领先的产品和服务为客户持续创造价值。”

事实上，早在 20 世纪 90 年代末，华为就已经形成了“围绕客户需求持续创新”的策略。

在此之前，和大多数科技企业一样，华为采用的是技术驱动型策略，即先研发出来产品，然后向客户进行推销。但随着技术驱动模式在通信市场成熟，市场竞争日益加剧，逐渐显现出技术与市场脱节的问题。用了几年研发的技术和产品常常不能被市场接受，不仅造成人力、财力、资源的巨大浪费，而且严重影响了企业的市场竞争力和发展能力。

1998 年，华为在中国联通的 CDMA 项目招标中落选，就是一个最好的例子，给华为和任正非很好地上了一课。当时，华为所采取的是“压强原则”，《华为基本法》第二十三条规定：“我们坚持‘压强原则’，在成功关键因素和选定的战略生长点上，以超过主要竞争对手的强度配置资源，要么不做，要做，就极大地集中人力、物力和财力，实现重点突破。”“压强原则”如果成功，带来的利益自然是巨大的，是其他对手所无法比拟的，但如果失败，则意味着整个投入打了水漂。事后，华为内部对此次失败做了深入的检讨和分析。当时公认的 3G 产品有两个版本，即 IS95 版和 IS2000 版，前者相对成熟，而后者采用了新的技术。任正非在战略分析上认为 IS95 版只是过渡产品，最终要向 IS2000 版跨进，而且它还可以兼容 IS95 版。于是，华为投入大批财力、人力研发 IS2000 版本。结果，在招标时，联通考虑到 IS2000 版是新研发出来的，性能不够稳定；IS95 版虽然较老，但可以保证系统运营的稳定性，权衡之下，最终选择了 IS95 版。

这一次的失败，归根结底是华为没有把握住客户的需求，盲目创新，推出新技术，而不是根据客户需求来创新。故此，任正非指出，华为的研发人员要成为一名“商人”，这里的“商人”是指技术人员既要有技术能力，又要有商业头脑，即围绕客户的需求来创新。

在经过反思和总结后，基于“作为一个商业群体必须拥有两个要素才能活下去，一是客户，二是货源”的思考，任正非带领华为开始了以“技术驱动”向“市场驱动”的全面转型，并且确立了“坚持以客户价值为导向，持续不断地提高客户满意度”的创新理念。

在开拓欧洲的 3G 市场时，华为注意到了欧洲运营商在网络部署中的需求，就是希望基站占地更小、安装更方便、更环保省电、覆盖效果更佳，于是，针对性地提出了创新性的分布式基站理念，并率先将其产品化，彻底改变了传统基站的建设模式。分布式基站不仅在很大程度上降低了机房的建设与租用成本，而且很容易安装，降低了设备安装的成本，能够帮助运营商降低 30% 以上的运营成本。目前，分布式基站已经成为全球范围内移动运营商在部署移动网络时的重点考虑方案，大量运营商因为采用了华为的解决方案而使网络质量和性能发生了彻底的改观。《商业周刊》对此评价道：“华为公司的成功是因为其为客户提供了顶级质量、最优性价比的产品。”

为了保持创新与客户需求相契合，任正非要求研发人员直接对产品的市场成功负责，而不仅仅是对项目的研发成功负责，并且从流程运作和考核机制上来保障这种导向。华为规定，每年要有 5% 的研发人员去做市场，同时，每年还要有 5% 的市场人员去做研发。研发与市场紧密结合，才能准确地针对不同的客户需求，提供实现其业务需要的创新策略，开发出满足客户需求的产品。

如果像分布式基站那样，能够发现客户需求，并围绕客户需求进行创新，那么一切自然变得很简单。但事实上，客户的需求在大多数时候并不容易把握，除了认真调研和发现，任正非认为，还需要“大胆假设，谨慎求证。不应死板僵硬、墨守成规，不敢越前人雷池一步，如果没有大胆的假设，就不会有所突破和进步”。

当然，光有大胆的假设也不行，还需要将假设落到实处，即进行科学、谨慎的求证，这样才能得出合理的结论。

华为开发 5000 万门芯片的过程就是一个很好的例子。

有一段时期，为了保持技术领先和摆脱依赖，华为决定开发 5000 万门芯片。当时，可供选择的芯片有两种，一种是 0.13 微米，另一种是 90 纳米。从技术上看，90 纳米的芯片更先进、工艺更精良。华为研发人员对这两种芯片进行了科学的分析和谨慎的求证，发现这两种芯片都能够满足产品的需求。财务人员则从成本的角度出发，计算得出，90 纳米的芯片要比 0.13 微米芯片的成本高至少 10 倍以上。最后，华为研发团队采用了 0.13 微米的芯片。

大胆假设和小心求证使华为获得了较高的成功率。把握客户需求，提出方案，然后求证，给华为带来了明显的提升。华为的产品——微基站，就是一个十分成功的典范。

当时，有用户反映微蜂窝基站覆盖面窄，无法满足需求。华为立即组织项目组进行研发。研发中，项目组发现，微蜂窝基站无论从技术还是理论上都无法取得太大的突破。于是项目组决定重新开发新的基站。开发过程中，项目组并没有盲目采用新技术，而是将微蜂窝基站体积小、易安装的优点，与宏蜂窝基站功率大、扩容好的优点进行整合，并进行验证。在半年后开发出了新的产品，即微基站。微基站推向市场后，一年内售量就达到了 2 万套，销售额近 2 亿美元。

任正非指出，围绕客户需求进行创新，要将公司利益和员工利益挂钩，这是企业进行决策、提高绩效的最根本准则。为了保证创新的持续性，华为的工资、奖金、安全退休金、医疗保障、股权、红利以及其他人事待遇均向研发人员倾斜，对研发人员进行全方位的激励。

在以上种种努力下，依靠“围绕客户需求持续创新”的创新策略，华为的发展模式有了巨大的变革，并一步步取得了今时今日的巨大成就。

平等：与普遍客户搞好关系

在国际上，有一个非常受欢迎的企业定律，即“马特莱定律”，也称“二八定律”。这个定律包含的范围很广，其中有一条叫“二八营销定律”，即经营者要抓住 20% 的重点商品与重点客户，进行关键性营销。

大部分企业都十分推崇这个定律，认为给企业带来 80% 利润的是 20% 的客户。按照这个定律，假如能把这 20% 的客户找出来，提供更好的服务，对于公司的发展和业绩的增长无疑是最大的帮助。

在“二八营销定律”的影响下，很多企业都有这样的习惯：对关键客户的数据分门别类地进行详细储存，而很少对普通客户进行系统的管理。他们认为靠普通客户赚钱，是一种费力气的“笨方法”，不屑于过多地经营普通客户。

应该承认，普通客户对企业的直接利润贡献的确没有关键客户突出，但是并不等于普通客户没有价值。事实上，对于企业来说，普通客户的数目往往是关键客户的数倍之多，倘若能够有效收集普通客户的数据资料并加以分析利用，那么普通客户也会有巨大的市场价值。

任正非对这一点认识得极为深刻，并提出了“与普遍客户搞好关系”的经营理念。任正非提出“普遍客户”的理念，目的是告诉所有华为人：客户不分大小，职务不分高低，只要是和产品销售有关的人员，就必须平等对待，全面攻克。

我一再告诫大家，要重视普遍客户关系，这也是我们的一个竞争优势。普遍客户关系这个问题，是对所有部门的要求。坚持普遍客户原则就是见谁都好，不要认为对方仅是局方的一个运维工程师就不做维护、介绍产品，这也是一票呀。

一定要加强普遍客户的沟通，要把普遍沟通的制度建立起来，沟通不够怎么办？就降职、降薪。做不好沟通工作的员工要慢慢淘汰掉。有些人是性格问题不能沟通，就转到别的岗位上去。

在推行“与普遍客户搞好关系”的平等原则时，任正非有两个独特的心得：

一、最小的客户也有价值

任正非认为，华为能有如今这样广阔的市场，完全是由点滴积攒起来的，就是最小的客户也要认真对待。很多官员、企业家、专家、记者都说任正非“架子大”，因为他几乎从不接受媒体采访。然而，有一个群体却很容易见到任正非，就是华为的客户，即使很小的客户，任正非也会亲自去见。

2002 年，摩根士丹利首席经济学家斯蒂芬·罗奇带领一个机构投资团队来到华为总部，任正非只派副总裁费敏接待。事后罗奇很遗憾地说：“他拒绝的可是一个 3 万亿美元的团队。”

但任正非知道后却不以为然：“他又不是客户，我为什么要见他？如果是客户的话，最小的我都会见。他带来机构投资者跟我有什么关系呀？我是卖机器的，就要找买机器的人呀。”

与任正非相比，国内外的许多企业，甚至包括一些知名公司，都有轻视甚至歧视小客户的倾向，有些企业甚至认为为小客户服务是浪费公司的人力与财力，这无疑是一种大错特错的观念。

二、层层贴近每级客户

在搭建客户关系网上，华为做得非常成功，一般的竞争对手要想从华为手中抢走客户是非常困难的事情，这并不是说华为有多大的背景，或者说华为的产品优势有多么明显，而是因为华为的客户工作做得十分扎实。

在与客户打交道时，华为人绝不会做“墙头草”，谁有权就倒向谁，而是从下到上，层层贴近每级客户，与每级客户都搞好关系。

例如，2000 年电信和邮政分家，电信设备的采购权被收回到了市级，不再由原来的县级掌握。当时便有不少人建议任正非取消已在全国建立的 200 多家县级经营部，集中主要精力去攻克市级电信局，如此，就能节约很多成本，反正他们手里也没有合同。但任正非的回答却是：“我们每层每级都贴近客户，分担客户的忧愁，做成一项业务，客户就给我们一票。这一票，那一票，加起来就好多票，最后，即使最关键的一票没投也没有多大影响。当然，我们与掌握最关键一票的客户同样也要搞好关系。这就是我们与小公司的区别，我们的做法是不一样的。”

当时，任正非的这一做法被许多业内人士嘲笑为迂腐。但任正非有自己的坚持：不因为决策权的转移而放弃已经建立起来的关系网，只有扎扎实实做好每一个环节，才有可能最终赢得市场。后来的事实也证明了任正非的高瞻远瞩：正是各县局给市局提供的意见，才使得华为继续获得了大批订单。

为什么任正非的“与普遍客户搞好关系”的经营理念管用？管理学者周君藏在《任正非这个人》一书中给出的答案可谓一针见血：“因为人心是肉长的。

撼天难，撼地难……但撼人心不难。人心需要你实打实地去做，做了，自然就会被你感动、信任你。……‘与普遍客户搞好关系’之所以有效，是因为没有几家企业——不管是什么行业——能全心全意地为客户、为消费者着想，所以只要有企业能善意地对待客户、对待消费者，其前途将不可限量。”

正是在“与普遍客户搞好关系”这一平等原则的指导下，华为建立起了自己的市场地位。华为如今在市场上占有的份额让许多国内外同行羡慕不已，稍做分析，我们不难发现，市场对华为的认可，正是来源于华为对普遍客户的接受。而这种市场战略的运用，与其说是体现了华为踏实的经营风格，倒不如说是体现了任正非大智若愚的管理智慧。因为在许多时候，被人不屑、被人称为“傻”的行为往往蕴藏着一种大智慧，是一种真正行之有效的方法。

痛点：切中客户的真正需求

在任正非看来，对客户的价值挖掘一定要从切入客户的痛点开始。与华为有过业务合作的客户往往都会有这样一种感觉，华为与客户沟通的起点，就是去探讨共同的痛点。

华为讲战略宣传要“以客户为中心”，其实也是要真正搞清楚客户的痛点在哪里，怎么才能帮客户解决他们的实际问题。如果无法找出客户的痛点，就不能理解客户的真正需求，看不清客户的底牌和交换条件，如此，自然也就难以抓住达成交易的机会点。

所谓痛点，在本质上还是想要促成客户价值的最大化，华为将这一任务视为企业的奋斗目标。质量优、服务好、价格低，那么客户利益就最大化了，客户利益大了，就会再买公司的产品，公司也就活下来了。所以，企业的组织结构、流程制度、服务方式、工作技巧一定要围绕这个目的，深刻触及客户痛点，切中客户的真正需求，让企业与客户建立起良性的经济循环。

关于痛点，任正非 2012 年在 F1 展厅整改工作交流座谈会上，解析得非常透彻。

一、以客户为中心，以客户的痛点为切入点

展厅主要还是以技术为主的，所以我们要瞄准全球客户的 CTO/CMO/CIO，这个全球电信领域最高端的群体，向他们表达我们公司是怎么样的。要让这个最高端的群体认识我们、认可我们，他们才会买我们的货。我们以前科普式的宣传太多了。

为什么我们现在的展示不成功？我们现在的展示太科普化了。人家是博士，很多东西早就明白了，我们还带着人家从学前班开始，读小学、读中学……结果还没读到博士真正关心的问题展示就结束了。在表达的过程中穿插一些故事，让普通人能看些热闹，这也是需要的，但不能让看热闹成为主线条。

二、面向未来，帮助客户走向未来

我们现在进行展示，应该给客户展示未来，我们不展示历史。客户天天跟我们打交道，早就对我们很了解了，为什么还要叫客户复习一遍呢？……我们要知道客户到这个地方来他关心什么？人家是来研究人家自己看不到的未来的。

我不主张平铺直叙。我们从一开始和客户沟通，就是共同去探讨我们共同痛苦的点，探讨未来会是什么样子。一上来就要让客户感知到这个就是他想找的，让客户看到他的未来，认同这个未来，然后和我们一起去找解决办法，看我们能给客户提供什么服务，帮助他走向未来。

我们再来看华为内刊《华为人》中的一个案例，这个案例能帮助我们更好地理解什么是任正非所谓的痛点，什么是切中客户的真正需求。

华为产品首次进入某项目的实施地区。当华为人满怀信心地在承诺的时间、按照需求规格说明书提供了软件版本后，客户的测试报告显示该版本依然存在65项Remark（待修改）。之后，根据客户“车轮式”的测试报告，华为不断推出新版本，每当消除了一批Remark，就又出现了一批，版本长时间无法满足客户的商用要求，结果严重影响了客户业务的开展，客户非常不满。

公司专门指派项目经理负责该项目。项目经理到现场第一天就发现：客户某些部门在版本测试过程中，不仅找旧版本Bug，还不断提出新需求。尽管当时开发部门已经认识到“边设计,边修改,边开发”是版本质量的“第一杀手”，但苦于无法说服一线，更无法影响客户，只能在痛苦的深渊中挣扎。

经过沟通协调，公司与客户达成协议：冻结现有需求，提醒客户内部要建立需求管理机制，新需求必须经过内部审核；客户定期给华为提交经过审核、确认的后续需求，华为定期规划版本。

情况似有好转，但仅仅几天，研发部门就向项目经理诉苦：“客户又提新需求了，事情没法干了。”

项目经理发现现场技术负责人偷偷在已冻结的需求列表中增加了一项新需求，问他为什么，他说那是某些客户坚决要求的。项目经理说已经与客户管理层达成一致意见了，对非正式需求要过滤，不能一概接受。这位技术负责人看到项目经理态度坚决，就说：“这样会影响客户满意度的。”项目经理表示：“影响客户满意度，我负责。”

严格执行20多天后，客户对版本测试结果非常满意，一个月后，同意项目初验。随后，华为顺利获得客户发出的新合同。

其实，真正的客户满意不是说我们是否顺从了客户意愿，而是说我们与客户达成了一致意见，是否能够帮助客户及时、有效地开展业务，是否找到了客户的痛点，是否给客户创造了价值。

任正非认为，“以客户为中心”实际上是一个辩证的关系，就是要挤出公司内部最后一滴多余的成本，先成就客户的成功，然后成就公司的成功。在这个过程中，就是要以客户的需求为命令，快速找到客户痛点，以客户满意度作为衡量一切工作的准绳，切实为客户做好服务。这也正是“以客户为中心”的出发点。

附　录

任正非语录

世界上一切资源都可能枯竭，只有一种资源可以生生不息，那就是文化。

很多人问我，来公司工作有没有双休？需不需要加班？我笑而不语，客气地请他们离开了公司。欲求安逸，为何还要出来工作？直接窝在家里不就七休了吗？人，如果不趁年轻多努力，你有青春又如何？都说“年轻就是资本”，我想补充的是，只有奋斗，你的资本才有价值，只有拼命，你的年轻才值得你炫耀！

商场和人生一样，一切触底反弹的奇迹，不过是挣扎着撑到了最后一刻。

什么是华为的英雄，是谁推动了华为的前进？不是一两个企业家创造了历史，而是 70% 以上的优秀员工，互动着推动了华为的前进，他们就是真正的英雄。

做工作是一种热爱，是一种献身的驱动，是一种机遇和挑战，多么难得，应该珍惜它。

什么叫成功？是像日本企业那样，经九死一生还能好好地活着，这才是真正的成功。华为没有成功，只是在成长。

我们没有商道，商道就是要伤害别人，我们没有对手，我们的对手就是自己。

维持现状就是落后，满足现状就是死。

领导就是妥协者，不妥协就当不好领导。

企业发展就是要发展一批狼。狼有三大特性：一是敏锐的嗅觉；二是不屈不挠、奋不顾身的进攻精神；三是群体奋斗的意识。

在时代前面，我越来越不懂技术、越来越不懂财务、半懂不懂管理，如果不能民主地善待团体，充分发挥各路英雄的作用，我将一事无成。

艰苦奋斗必然带来繁荣，繁荣以后不再艰苦奋斗，必然丢失繁荣。

触及自己的灵魂是最痛苦的。必须自己批判自己。

面子是无能者维护自己的盾牌。优秀的儿女，追求的是真理，而不是面子。只有不要脸的人，才会成为成功的人。要脱胎换骨成为真人。

在我们拼死拼活往前赶的过程中，公司不可能出现太胖的羊、太懒的羊。一个充满危机感、又有敏感性、又无懒羊拖累的公司是一定能够生存下来的。

要达到这样的境界，不止技术上要不断创新，更要管理上不断创新。

我们生存下去的唯一出路是提高质量，降低成本，改善服务，否则就十分容易被外国垄断集团一棒打垮。

这个世界唯一不变的就是变化。

十年来我天天思考的都是失败，对成功视而不见，也没有什么荣誉感、自豪感，而是危机感。

我们不主动打破自己的优势，别人早晚也会来打破。

华为公司在招聘、录用过程中，最注重员工的素质、潜能、品格、学历，其次才是经验。

要前方指挥后方，而不是后方指挥前方。机关是支援、服务和监管的中心，而不是中央管控中心。谁来呼唤炮火，应该让听得见炮声的人来决策。

求助没有什么不光彩的，做不好事才不光彩，求助是参与群体奋斗的最好形式。

我不觉得跌倒可怕，可怕的是再也站不起。

华为主张在顾客、员工与合作者之间结成利益共同体。努力探索按生产要素分配的内部动力机制。我们决不让雷锋吃亏，奉献者定当得到合理的回报。

要那些掌握机会的人来指挥战争，而不是要那些掌握资源的人来指挥战争。

茶壶里煮饺子，倒不出来就不算饺子。

华为不需要思想家，需要解决问题的专家。公司只能给你位子，不能给你威望，威望需要你从实干中来。

冬天也是可爱的，并不是可恨的。我们如果不经过一个冬天，我们的队伍一直飘飘然是很危险的，华为千万不能骄傲。所以，冬天并不可怕。我们是能够渡得过去的。

领先一步是先进，领先三步是先烈。

不要总想做第一、第二、第三，不要抢登山头，不要有赌博心理，喜马拉雅山顶寒冷得很，不容易活下来，企业的最低和最高战略都是如何活下来！你活得比别人长久，你就是成功者！

创华为：任正非带领华为发展的 25 个重要节点

1987 年

任正非在深圳创立华为。

1990 年

开始自主研发面向酒店与小企业的 PBX 技术并进行商用。

1992 年

开始研发并推出农村数字交换解决方案。

1995 年

销售额达 15 亿元人民币，主要来自中国农村市场。

1997 年

推出无线 GSM 解决方案，开始将市场拓展到中国主要城市。

1999 年

在印度班加罗尔设立研发中心，该研发中心先后于 2001 年和 2003 年获得 CMM4 级认证、CMM5 级认证。

2000 年

在瑞典首都斯德哥尔摩设立研发中心；海外市场销售额突破 1 亿美元。

2001 年

以 7.5 亿美元的价格将非核心子公司 Avansys 卖给爱默生；在美国设立 4 个研发中心；加入国际电信联盟（ITU）。

2002 年

海外市场销售额突破 5 亿美元。

2003 年

打赢了与思科的专利权官司；在世界各地部署了 1 亿个 C&C08 端口，创造了行业纪录；与3COM成立合资企业，生产企业数据网络设备；通过了DNV (DET NORSKE VERITAS) 的ISO 14001认证。

2004年

与西门子合作成立合资公司，开发TD-SCDMA解决方案；获得荷兰运营商Telfort价值超过2500万美元的合同，首次实现在欧洲的重大突破。

2005年

海外合同销售额首次超过国内合同销售额；与沃达丰签署《全球框架协议》，正式成为沃达丰优选通信设备供应商；成为英国电信（简称BT）首选的21世纪网络供应商。

2006年

以8.8亿美元的价格出售H3C公司49%的股份；与摩托罗拉合作在上海成立联合研发中心，开发UMTS技术；推出新的企业标识。

2007年

与赛门铁克合作成立合资公司，开发存储和安全产品与解决方案；与Global Marine合作成立合资公司，提供海缆端到端网络解决方案；成为欧洲所有顶级运营商的合作伙伴；被沃达丰授予"2007杰出表现奖"，是唯一获此奖项的电信网络解决方案供应商。

2008年

被商业周刊评为全球十大最有影响力的公司；首次在北美大规模商用UMTS/HSPA网络，为加拿大运营商Telus和Bell建设下一代无线网络；移动宽带产品全球累计发货量超过2000万部，根据ABI的数据，市场份额位列全球第一；全年共递交1737件PCT专利申请，据世界知识产权组织统计，在

2008 年专利申请公司（人）排名榜上排名第一，TE 专利数占全球 10% 以上。

2009 年

无线接入市场份额跻身全球第二；成功交付全球首个 LTE/EPC 商用网络，获得的 LTE 商用合同数居全球首位；率先发布从路由器到传输系统的端到端 100G 解决方案；获得 IEEE 标准组织 2009 年度杰出公司贡献奖；获英国《金融时报》颁发的“业务新锐奖”，并入选美国 Fast Company 杂志评选的最具创新力公司前五强。

2010 年

全球部署超过 80 个 Single RAN 商用网络，其中 28 个已商用发布或即将发布 LTE/EPC 业务；加入联合国世界宽带委员会；获英国《经济学人》杂志 2010 年度公司创新大奖。

2011 年

建设了 20 个云计算数据中心；智能手机销售量达到 2000 万部；以 5.3 亿美元收购华赛；整合成立了“2012 实验室”；在全球范围内囊获 6 大 LTE 顶级奖项。

2012 年

在芬兰新建研发中心，并在法国和英国成立了本地董事会和咨询委员会；和全球 33 个国家的客户开展云计算合作，并建设了 7 万人规模的全球最大的桌面云；推出的 Ascend P1、Ascend D1 四核、荣耀等中高端旗舰产品在发达国家热销。

2013 年

公司全球财务风险控制中心在英国伦敦成立；作为欧盟 5G 项目主要推动

者、英国5G创新中心(5GIC)的发起者，发布5G白皮书；持续领跑全球LTE商用部署，已经进入了全球100多个首都城市，覆盖九大金融中心；智能手机业务获得历史性突破，进入全球TOP3，华为手机品牌知名度全球同比增长110%。

2014年

在全球9个国家建立5G创新研究中心；为全球客户建设480多个数据中心，其中160多个云数据中心；全球研发中心总数达到16个，联合创新中心共28个。

2015年

根据世界知识产权组织公布数据，2015年企业专利申请排名方面，以3898件连续第二年位居榜首；LTE已进入140多个首都城市，成功部署400多张LTE商用网络和180多张EPC商用网络；在光传送领域，与欧洲运营商共同建设了全球首张1T OTN网络，与英国电信合作完成业界最高速率3Tbps光传输现网测试；智能手机发货超1亿部。

2016年

支持全球170多个国家和地区的1500多张网络的稳定运行，服务全球1/3以上的人口；已在全球部署了超过60张4.5G网络，覆盖全球3000万户家庭；全年智能手机发货量达到1.39亿部，全球市场份额提升至11.9%，居全球前三。

2017年

发布业界首款5G承载分片路由器(Network Slicing Router)；发布了2016年报，实现全球销售收入5216亿元人民币；在德国柏林召开笔记本新品发布会，正式面向全球消费者发布了MateBook系列新品。

2018年

全年全球销售收入首超千亿美元，达到7212亿元人民币；全年华为手机（含荣耀）全球发货量突破2亿，稳居全球前三；5G微波开启全面商用的新征程；发布全球首个覆盖全场景人工智能的Ascend（昇腾）系列芯片以及基于Ascend（昇腾）系列芯片的产品和云服务；发布AI战略与全栈全场景AI解决方案，在全云化网络的基础上引入全栈全场景AI能力，打造自动驾驶网络；发布新一代人工智能手机芯片——麒麟980。